KB200943

힘이 되는 독서

힘이 되는 독서

공병호 지음

ㅁ

누구에게나 정신적으로 하나의 기원紀元을

만들어주는 책이 있다.

앙리 파브르

'힘'을 얻을 수 있는 독서

힘이 필요한 날들이다. 어려움을 헤쳐나갈 수 있는 힘, 힘든 시간을 견뎌낼 수 있는 힘, 난제를 해결할 수 있는 힘이 그 어느 시대보다 절실한 때다. 어떤 방법으로 힘을 얻을 수 있을까? 어떻게 해야 하는 것일까?

영상이 대세를 차지하는 시대가 되었지만, 그럼에도 불구하고 책이 갖고 있는 힘은 여전히 강력하다. 인생 항로의 등불이 될 수 있는 책, 문제 해법의 아이디어를 제공할 수 있는 책, 역사의 흐름에서 교훈을 얻을 수 있는 책, 최신 트렌드에서 기회를 포착하는 데 도움이 되는 책, 변화의 거센 파고를 내다보고 준비할 수 있도록 돕는 책들에서 핵심 메시지를 정리해보았다.

틈틈이 쓴 글들이기 때문에 대부분 그 시점에서 가장 중요하다고 생각되는 책들이 선택되었다. 그 책들 가운데서도 이것만은 꼭 전해야겠다는 메시지를 차근차근 정리했다. 책을 읽다가 유독 관심을 끄는 책이 있다면, 책을 구해서 처음부터 끝까지 읽어보기를 권하고 싶다. 핵심을 간파하는 것과 또 다른 재미와 유익함이 책의 전부를 읽는 것이다.

이 책은 변화, 기회, 통찰력과 관점, 역사, 삶과 행복이라는 다섯 가지 주제로 구성되어 있다. 각 권을 소개하는 글에는 책의 핵심 메시지, 구성, 교훈 등이 정리되어 있다. 책의 전부를 읽는 것에 비할 바는 아니지만 독자들은 짧은 시간 동안 핵심을 파악하는 유익함을 누릴 수 있을 것이다.

책을 읽는 일은 누군가와의 만남이기도 하고, 무엇인가와의 만남이기도 하다. 인생이든 사업이든 기회는 모두 만남에서 시작된다. 아무쪼록 여러분이 이번 독서 여행길에서 귀한 만남의 시간이 되길 바란다. 기회를 잡는 일에서든, 문제 해법을 찾는 일에서든, 다시 일어서는 용기를 얻는 점에서든 도움이 되길 바란다. 여러분의 건승을 빈다.

2020년 1월
공병호

차례

3부　통찰력과 관점　Insight & Perspective

4부 역사   History

5부 삶과 행복   Life & Happiness

1부

변화

Change

인공지능이 변화시킬
미래 사회 시나리오

《경제의 특이점이 온다》
인공지능의 대중화가 가져올 놀라운 미래에 대한 시나리오와 통찰력

급격한 기술 변화는 사회에 어떤 영향을 끼칠 것인가. 긴 시각에서 바라볼 책으로 케일럼 체이스의 《경제의 특이점이 온다》(비즈페이퍼, 2017)를 추천한다. 인공지능과 과학 기술 전반에 해박한 지식을 갖고 있는 작가가 쓴 이 책은 방대한 참고문헌을 덤으로 제공한다. 책을 읽다가 추가 정보를 원한다면 주註를 참고하면 된다.

이 책은 자동화 역사, 이번에는 다를까, 타임라인, 해결 문제, 시나리오, 요점과 권고 사항으로 구성된다. 자동화를 향한 인류의 긴 여정을 소개하는 것으로 시작되는 이 책은 기계지능이

"현재 인간이 보수를 받으면서

하는 일에 필요한 기술들을

앞으로 20~40년 사이에

기계가 모두 습득하게 될 것이다."

실현되면 지금까지와 다른 유형의 자동화가 전개될 것으로 내다본다. 기존의 자동화가 또 다른 직업군의 출현을 도왔지만 이번에는 다를 것이라는 전망이다.

저자는 인공지능의 부상에 대한 다양한 연구와 주장을 꼼꼼히 리뷰하고 있다. 그는 인공지능을 자동차에, 알고리즘을 엔진 제어 장치에, 빅 데이터를 연료에, 컴퓨터 계산 능력을 엔진에 비유한다. 이 모든 것이 상호 연결과 상호 작용을 통해 만들어내는 것이 기하급수적 기술 발달과 미래라고 본다.

그러면서 기하급수적 성장의 특징은 어느 지점까지는 수평에 가까운 곡선처럼 보이고 그 지점을 통과한 시점부터 수직에 가까운 곡선을 보인다고 지적한다. 그가 우려하는 것은 향후 10년 이내에 기계들은 얼굴과 그 밖의 이미지들을 사람보다 더 잘 인식하고, 인간의 언어를 잘 알아듣고, 거기에 상식까지 갖추게 되는 것이다. 그렇게 되면 고용 시장에 심대한 영향을 끼칠 것이다. 인지적 부담이 크지 않은 저소득 직업군부터 자동화되기 시작해 마침내 기자나 변호사, 의사와 금융업 종사자 같은 전문직에까지도 부정적 영향을 끼칠 것으로 내다본다.

그는 기계가 대체할 수 없는 영역이 생기면 그곳을 중심으로 새로운 직업군이 부상할 것이라는 주장에 수긍한다. 그러나 그런 분야에서 요구하는 인재는 기계지능으로 인해 직장을 잃는 사람들 몫이 아님을 분명히 한다. 그는 기계지능의 부상에도 불구하고 직업 시장에서는 큰 변동이 없을 것으로 내다보는 사람들에게 실리콘밸리가 지적하는 한 논문을 제시한다.

그것은 2014년에 존재하는 직업의 80%는 1914년에 존재했던 직업이라는 점이다. 새로 생긴 20%에 해당하는 직업 종사자 수는 그리 많지 않고 전체 인구의 10%에 불과하다. 그는 아무리 낙관적으로 해석하더라도 과거의 사례는 생각만큼 앞으로의 상황을 예상하는 데 고무적이지 않다. 그는 "현재 인간이 보수를 받으면서 하는 일에 필요한 기술들을 앞으로 20~40년 사이에 기계가 모두 습득하게 될 것"이라고 결론을 내린다.

저자는 미래에 대한 시나리오도 구체적으로 제시한다. 예를 들어 자율주행자동차의 경우 2021년에는 시험 주행을 하고, 2031년에는 장거리 트럭이 대부분 자율주행을 하며, 2041년이 되면 차량 가운데 인간이 운전하는 경우는 드물 것이라는 내용이다. 이런 전망에 기초해 저자가 내다보는 미래는 보통 사람들에게 밝지 않다. 보통 소비자들의 구매력 저하로 인한 경기 위축이 뒤따를 수밖에 없다. 그다음 등장하는 것이 가장 논쟁적인 주장이다. 기술적 실업 문제로 인해 일할 수 없는 사람을 사회가 먹여 살릴 수 있는 방도를 생각해내야 하고 이런 과정에서 보편적 기본 소득 제도의 도입은 불가피한 것으로 내다본다.

저자는 나아가 소유 제도의 변경까지도 새로운 대안으로 제시하는데, 이는 너무 앞서나가는 주장이라고 생각한다. 저자의 진단과 전망이 맞아떨어진다는 보장은 없다. 그러나 앞으로 펼쳐질 미래상에 대해 다양한 전망을 해보는 일은 현재를 어떻게 살아갈 것인가에 대해 유익한 방향을 제시하는 것은 분명하다. 어떤 미래가 펼쳐질지에 대해 유보적이긴 하지만 현재 진행되고 있는 기술 변혁은 일찍이 인류가 한번도 경험하지 못할 정도로 급격한 변화를 수반할 가능성의 문이 열려 있다.

디지털 퍼스트 시대
사라져가는 것들

《증발》
정말 많은 우리들의 활동이 앱 속으로 들어가는 시대에 살아남는 법

"우리는 카풀 제도 하나 받아들일 수 없는 사회구나."

말이 아니라 행동으로 세상 변화를 대하는 우리 사회의 현 주소다. 얼마간은 갈 수 있겠지만 이런 자세나 마음가짐이 앞으로 우리 사회를 어떤 방향으로 이끌 것인가. 이런 문제의식을 느낀 사람들에게 권하고 싶은 책이 로버트 터섹의 《증발》(커뮤니케이션북스, 2019)이다.

이 책엔 '모바일 경제를 관통하는 핵심 원리'라는 부제가 붙어 있다. 우리가 원하든 원하지 않든 빠른 속도로 사라지는 목록이 늘어나는 시대로 나아가고 있는 세상 변화를 설득력 있게

제시하고 있다. 우리가 이미 목격하고 있는 단명화, 디지털화, 비물질화, 가상화를 '증발'이란 한 단어로 압축한 저자의 개념화 기술이 놀랍다. 무엇이 증발하는가, 텔레비전의 증발, 일자리의 증발, 교육의 증발, 기기의 증발 등의 주제를 다루고 있다.

수십 년 혹은 수백 년 동안 굳건한 요새와 같았던 산업들이 하나둘 없어지는 시대가 됐다. 저자는 "우리는 기기, 제품, 회사, 직업 그리고 상점이 눈에 보이지 않는 소프트웨어로 대체되며 영원히 사라지는 시대로 진입하고 있다"고 서술한다. 한마디로 '디지털 퍼스트 사회'다.

행하고, 말하고, 보고, 듣고, 소유하는 것 가운데 오로지 디지털 공간에서만 존재하고 있는 것이 늘어나고 있는 반면 오프라인 공간에 존재했던 물리적 실체들이 속속 사라지고 있다. 이를 두고 저자는 "여러분의 비즈니스 가운데 증발할 수 있는 것은 모두 증발할 것"이라고 예견한다. 이런 변화는 손으로 만질 수 있는 실물 세계에서 디지털 세계로 우리가 점점 옮아가고 있기 때문이다. 앞으로 이런 움직임이 멈춰 설 가능성은 거의 없다. 저항하고 분노할지라도 어찌해볼 도리가 없다.

증발은 이제 막 시작 단계에 불과하다. 제조, 유통, 소매, 마

"우리는 기기, 제품, 회사, 직업

그리고 상점이 눈에 보이지 않는

소프트웨어로 대체되며

영원히 사라지는 시대로 진입하고 있다."

케팅 등 거의 모든 분야에서 증발이란 거대한 흐름이 도도히 흐르고 있다. 오늘날 우리 사회에서 일어나고 있는 격렬한 저항과 분노를 증발의 시대라는 관점으로 접근하면 이해할 수 있다.

그러면 위기뿐인가. 그렇지 않다. 구식 실물 경제에서는 조금의 지분도 갖지 못한 신흥 벤처 스타트업들에는 거대한 금광 지대가 발견된 것과 같다. 거대한 골드러시가 시작된 셈이다.

우버는 단순히 새로운 사업 모델 하나를 만든 것을 뜻하지 않는다. 우버는 자동차 소유라는 물리적인 것을 서비스라는 만질 수 없는 것으로 바꾸었을 뿐이다. "왜 손을 들고서 택시를 잡기 위해 서 있어야 하느냐"라고 저자는 묻는다. 에어비앤비는 아무런 물리적인 것을 갖지 않은 상태에서 개인 숙박 공간에 대한 정보를 제공할 뿐이다. 이런 현상들은 증발 시대를 압축적으로 보여주고 있다.

"증발에서 가장 중요한 것은 물리적 상품을 대신하는 정보다. 만질 수 있는 제품 대신 정보를 제공해 수익을 올리고 있다면 당신은 시대에 잘 적응하고 있는 것이다."

이 책은 독자들에게 뚜렷한 대안을 제시하진 못한다. 그럼에도 불구하고 이 책은 불가피한 변화에 대해 독자들 스스로가 어떻게 받아들일 것인가에 대한 생각거리를 던져준다.

"증발은 멈출 수 없다. 그러므로 이 과정은 계속될 것이다. 교육, 노동, 기업이 바뀔 것이고, 정부 기관과 심지어 우리의 생물학적 육체까지도 그 변화에 휩쓸릴 가능성이 높다."

다만 사회 전체가 어떻게 대응해야 하는가는 이 책을 통해 분명한 방향을 얻을 수 있다. 그것은 가능한 경제 주체들이 자유롭게 새로운 것을 도전할 수 있는 가능성의 문을 활짝 열어줘야 한다는 점이다. 스스로 새로운 대안을 찾아 나설 수 있도록 그리고 약간의 방법을 스스로 실험할 수 있도록 도와줘야 한다는 점이다. 완고함을 버리고 유연함을 선택하지 않는 사회나 개인은 위험에 처할 수밖에 없다는 것이 증발의 시대가 주는 메시지다. 이런 관점으로 우리 사회를 바라보면 걱정스럽다.

많은 사람이 '증발의 시대'라는 시각으로 자신과 조직과 나라의 현재를 바라보고 미래를 준비하기를 바란다. 날로 딱딱해지는 우리 사회에 주는 메시지가 강력한 울림으로 다가오는 책이다.

세상을 뒤흔드는
지능정보 범용 기술 16개

《카이스트 미래전략 2019》
신기술의 등장이 펼치는 새로운 시대에 대한 통찰력

기술 격변은 정말 많은 것을 바꾸어놓는다. 산업과 사회의 틀을 뒤흔들 뿐 아니라 기회를 잡는 자와 낙오되는 자를 양산하게 된다. 이 과정에서 엄청난 국가 사이에, 기업 사이에, 개인 사이에 부의 재편이 일어남은 물론이다. 오늘날 진행되고 있는 기술 격변을 일목요연하게 파악할 수 있는 방법은 없을까.

한국과학기술원KAIST 문술미래전략대학원 산하 미래전략연구센터의 《카이스트 미래전략 2019》(김영사, 2018)를 추천하고 싶다. 이 책은 다양한 분야의 전문가들이 참여해 매주 개최해온 국가미래전략 정기 토론회 결과를 정리하는 형식으로 만들

"세상을 뒤흔들 기술들은

모바일 로봇, 지능형 로봇, 사물인터넷,

양자 컴퓨팅, 시멘틱 웹 등

모두 16개 기술이 될 것이다."

어진 보고서다. 9개의 장에 걸쳐 정치, 경제, 사회, 문화 등 사회 제반 문제를 다루고 있지만 독자들은 제1부 1장 새로운 기술의 등장과 미래 사회, 제2부 2장 기술 분야 미래 전략을 집중적으로 읽을 수 있다.

어떤 기술이 세상을 뒤흔들고 있는가. 70쪽을 보면 한 페이지에 걸쳐 '지능정보 범용 기술의 등장과 발전 단계'라는 제목의 도표가 실려 있다. 독자들은 16개 기술 대부분이 출현 시점이 얼마 되지 않았음을 보고 놀라움을 금할 수 없을 것이다. 도표 하나를 꼼꼼히 확인하는 것만으로 지금 진행되고 있는 기술 변혁의 전모를 대략 파악할 수 있다.

거대한 4차 산업혁명의 물결이 막연한 소리가 아니라 삶의 구석구석까지 파고들었음을 확인할 수 있다. 4차 산업혁명은 전기차, 자율주행차, 사물인터넷 가전, 에너지 신산업, 바이오헬스, 반도체, 디스플레이, 로봇, 5G5세대 이동통신 등의 신산업이 본격적으로 등장하도록 도울 것이다.

4차 산업혁명 시대의 새로운 비즈니스 모델에서 핵심은 플랫폼 경제와 공유 경제다. 근래에 우리 사회가 겪고 있는 카풀제와 관련된 갈등은 공유 경제의 초보 단계조차 수용하기 어렵다는 사실을 말해준다.

저자들은 이미 우리 사회가 겪게 될 어려움을 "저활용 자산의 효율적 활용은 사회적 후생을 증가시키지만 기존 사업자의 반발을 피할 수 없다. 하지만 기존 기업의 논리와 입장에 매몰돼 공유 경제라는 혁신을 수용하지 못하면 사회경제적 정체를 피할 수 없다"고 말한다.

자율주행차만 하더라도 현재는 운전자의 개입이 전혀 없는 레벨 5의 자율주행 기술이 거의 완성 단계에 와 있다. 2020년 중반에는 자율주행 상용차가 시판될 것으로 전망된다. 여기서 우리는 오늘날 중국 화웨이의 5G 상용화 문제가 미국을 비롯한 서방 국가들의 관심을 끌고 있는 이유를 확인할 수 있다. 5G는 차량 간의 통신, 차량과 도로 간의 통신에 최적의 기술로 주목받고 있다. 자율주행차는 초저지연성이 중요하다. 일반적인 지연 시간으로는 사고로 연결될 수 있기 때문이다. 지연 시간 해결에 5G 기술은 매우 중요하다.

이처럼 5G는 자율주행차, 가상현실, 인공지능 등 많은 양의 데이터를 실시간으로 주고받는 커넥티드 모빌리티 2.0 시대를 여는 핵심 인프라가 될 것이다. 따라서 세계 각국이 5G 구축에

나서고 있으며, 한국은 상용화를 목표로 하고 있다. 우리 기업들이 또 하나의 신화를 만들 수 있었으면 하는 바람이다.

이 책에서 2개의 장은 분량이 얼마 되지 않지만, 4차 산업혁명을 견인하는 핵심 기술의 중요 포인트와 현상, 미래 발전 방향을 이해하도록 도울 것이다. 기술 변화에 관해 관심이 있는 사람들에게 권하고 싶다. 특히 나라의 일을 하는 사람들이 필독했으면 한다. 얼마만큼 시대가 격변하고 있는지 위기의식을 심어 줄 수 있기 때문이다.

한 가지 덧붙이고 싶은 것은 책을 조금 더 편안하게 읽을 수 있었다면 좋지 않았을까 하는 아쉬움이 있다. 내용이 어려워 편집 과정에서 조금 더 보기 좋게 만들었다면 독자들이 더 쉽게 읽을 수 있지 않았을까 하는 아쉬움이 남는다.

하비 와인스틴의
몰락이 보여주는 권력 이동

《뉴파워: 새로운 권력의 탄생》
구권력과 신권력이 교체되는 시대의 자화상

자신의 힘으로 뭔가를 이뤄낸 사람들의 책은 설득력이 있다. 전 세계 사회운동을 구축하고 지원하는 조직 '퍼포스'의 창립자와 뉴욕의 비영리 단체 '92번가 Y'가 힘을 합쳐 새로운 시각을 담은 책을 내놓았다. 제러미 하이먼즈와 헨리 팀스의 《뉴파워: 새로운 권력의 탄생》(비즈니스북스, 2019)은 연결된 세상에서 급부상하는 '신권력' 문제를 다룬다. 그들은 '신권력'과 '구권력'이 부딪히고 견제하는 세상에서 성공하는 법을 말한다.

그들에게 권력이란 버트런드 러셀이 정의한 '의도한 결과를 얻는 능력'이다. 그들은 기존의 권력을 구권력으로, 연결된 세상에서 새롭게 등장하는 권력을 신권력으로 정의한다. 구권력은 화폐와 마찬가지로 소수만 지니고 있으면 배타적이며 상명 하달식이고 쟁탈하는 힘이다. 역사 이래로 계속돼온 권력이며 우리에게 익숙한 권력이다.

반면 신권력은 일종의 흐름처럼 작동한다. 다수가 만들어내고 개방적이고 참여적이며 동료 집단들이 주도한다. 신권력이 추구하는 것은 권력을 쥐고 놓지 않는 게 아니라 일정한 방향으로 흐르도록 결집하는 일이다.

구권력과 신권력의 첨예한 대결은 영화계의 황제로 불렸던 하비 와인스틴의 몰락을 들 수 있다. 1966년부터 2016년까지 아카데미상 수상식에서 감사의 대상은 신과 와인스틴이 공동 선두를 달릴 정도였다. 그가 제작한 영화 가운데 아카데미상 수상 후보작이 무려 300개가 넘는다. 그는 독차지한 권력처럼 자신의 지위와 힘을 과시해왔다.

그러나 여배우 알리사 밀라노의 트위터 '#미투'라는 해시태그에서 시작된 요원의 불꽃같은 운동은 그를 몰락시켰다. 시작 단계에서 누구도 이 운동을 이끌지 않았고, 누구도 이 운동이 어떻게 흘러갈지를 알지 못했다. 그러나 '미투' 운동은 거대한

"신권력에 관심 있는 사람이라면

'ACE'를 실천에 옮김으로써

아이디어의 확산을 꾀할 수 있다.

행동에 옮길 수 있어야 하고, 연결돼 있어야 하고,

확장 가능해야 한다."

흐름처럼 미국을 넘어 다른 국가들로 확산했다.

구권력이 주로 사용하는 도구는 슬로건과 사운드바이트_{뉴스}_{인터뷰나 연설 등의 핵심 내용을 축약한 문구}다. 누군가 '기억에 남는' 것에 관심을 갖는다면 베스트셀러 《스틱!》(엘도라도, 2009)의 저자인 히스 형제(칩 히스와 댄 히스)의 여섯 가지 아이디어를 적극 활용할 필요가 있다.

단순하고, 뜻밖이고, 구체적이고, 믿음직스럽고, 감성적이고, 이야기가 있는 메시지에 주목해야 한다는 것이다. 단순히 기억에 남는 것을 넘어서 퍼뜨리기 좋은 것에 관심이 있다면 여기에 뭔가 특별한 것을 더해야 한다.

신권력에 관심 있는 사람이라면 'ACE'를 실천에 옮김으로써 아이디어의 확산을 꾀할 수 있다. 행동에 옮길 수 있어야 하고 Actionable, 연결돼 있어야 하고Connected, 확장 가능해야Extensible 한다. 이런 방법으로 선풍적 인기를 끌었던 것이 아이스 버킷 챌린지인데, 저자는 "이 세 가지 원칙은 최근에 아이디어를 확산하는 데 성공한 스타트업, 브랜드 구축, 광고 캠페인, 심지어 테러리즘 같은 수많은 사례에서 목격된다"고 설명한다.

과연 권력의 변신은 가능할까. 구권력에서 신권력으로의 방향 전환은 가능한 것일까. 이 같은 일에서 극적 변화를 성공시킨 기업이 레고다. 레고는 경영 위기를 극복하기 위해 성인 레고 팬, 즉 'AFOL'을 염두에 두고 '레고 아이디어' 플랫폼을 기획한다. '대중이 레고 세트를 만드는 일을 시도한다'는 차세대 레고 모델을 크라우드 소싱 하는 아이디어에 기초하고 있다.

또 하나의 흥미로운 사례는 신권력 공동체가 부상한 경우와 추락한 경우다. 우버와 리프터 사례는 실전에서 신권력을 어떻게 활용하는가에 대해 흥미로운 통찰력을 제공한다. 분리된 개인에서 초연결된 대중으로 옮겨가는 시대 상황에서 에어비앤비와 힐튼을 비교한 사례는 많은 것을 생각하게 한다.

거대한 변화라는 새로운 현상이 부상할 때 우리는 새로운 관점으로 현상을 바라봐야 한다. 그런 과정을 통해 현안에 대한 해결책을 마련하고 새로운 기회를 포착할 가능성을 키울 수 있을 것이다.

타인의 마음을 융합시키는
'호모 엠파티쿠스'

《공감하는 능력》
자신과 타인을 모두 행복하게 만드는 기술

한 해를 열면서 어떤 책을 읽으면 좋을까? 칙칙한 시대 분위기를 헤쳐나가는 데 '공감'이라는 한 단어에 주목했으면 좋겠다. 개인의 삶을 풍족하게 하는 방법뿐 아니라 사회적 갈등을 치유하는 데 도움이 되기 때문이다.

영국에서 문화 사상가이자 '라이프스타일 철학자'로 알려진 로먼 크르즈나릭이 쓴 《공감하는 능력》(더퀘스트, 2018)은 인간성의 정수이자 인간관계의 핵심인 공감 능력을 다룬 책이다. 특히 공감에 관한 탐구와 이해뿐 아니라 여섯 가지 방법을 심층적으로 다루고 있다. 저자는 공감에 대해 "상상력을 발휘해 다른 사람의 처지에 서보고, 다른 사람의 느낌과 시각을 이해하며, 그렇게 이해한 내용을 활용해 당신의 행동 지침으로 삼는 기술"이라고 주장했다. 따라서 공감은 어떤 사람에 대한 연민을 뜻하는 동정심과는 차이가 있다. 이 책은 공감 능력이 뛰어난 사람들의 여섯 가지 습관이 각각 독립된 장을 구성하고 있다.

- 두뇌의 공감 회로를 작동시킨다
- 상상력을 발휘해 도약한다
- 새로운 체험에 뛰어든다
- 대화의 기교를 연마한다
- 안락의자 여행자가 되어본다
- 주변에 변화의 기운을 불어넣는다

목차를 본 독자들은 '전형적인 실용서구나'라고 생각할 수 있다. 그러나 이 책은 최근까지의 공감 연구들을 총동원할 정도로 풍부한 연구 사례를 담고 있는, 깊이 있는 연구 소개서다.

작가는 20세기를 자기 내면세계에 초점을 맞추는 '내성의 세기'로 정의하면서 21세기는 마땅히 자기 자신 밖으로 나가 타인들의 시각으로 그들의 삶을 탐구하는 '외성의 시대'가 돼야 한다고 주장한다. 외성의 시대에 필수적인 것이 공감이다. 책을 읽는 내내 우리 사회를 생각하게 된다. 새해에는 모두가 공감이란 입장에서 세상을 바라볼 수 있다면 갈등과 분열을 치유할 수 있지 않을까 하는 바람이다.

인간은 이기심에 기초한 '호모 셀프센트리쿠스'이기도 하지만 자신의 마음과 타인의 마음을 융합시키는 능력을 타고난 '호모 엠파티쿠스'다. 그동안 지나치게 이기심에 비중을 둔 인간관이 유행했던 부분의 문제점을 지적한다. 작가의 견해에 동의하면서도 이타심에 지나친 무게 중심을 싣는 것에는 조금 주의해서 읽을 필요가 있다.

인간의 두뇌에는 대표적인 공감 능력인 '거울 뉴런'을 포함해 적어도 열 곳 이상의 훨씬 복잡한 공감 회로가 존재한다고 한다. 심리학자들의 다양한 연구에 의하면, 어떤 사람이라도 타인의 마음에 초점을 맞추려고 의식적으로 노력함으로써 잠재된 공감 능력을 크게 성장시킬 수 있다.

이 책은 연구 결과에 바탕을 둔 구체적인 방법들을 상세하게 소개한다. 예를 들어 의사들을 대상으로 한 연구에 의하면,

"공감은 상상력을 발휘해

다른 사람의 처지에 서보고,

다른 사람의 느낌과 시각을 이해하며,

그렇게 이해한 내용을 활용해

당신의 행동 지침으로 삼는 기술이다."

의사는 컴퓨터 모니터 대신 환자의 얼굴을 의식적으로 바라보는 것만으로도 공감 수준을 크게 높일 수 있다. 명상 전문가는 머릿속으로 자신을, 그다음에는 사랑하는 사람을, 나중에는 전체 사람으로 대상을 반복적으로 확장하라고 권한다. 이 훈련은 사회적 연결성과 관련된 두뇌 영역을 확장시킨다.

공감 능력의 훈련은 악기 훈련이나 언어 훈련과 비슷하다. 의식적으로 몇 가지의 습관을 반복하는 것만으로도 능력을 강화할 수 있다. 편견, 권위, 거리, 부인 등과 같은 장벽을 넘어서 다른 사람들의 정신세계로 들어가기 위해 의식적으로 상상력을 동원하는 방법도 추천할 만하다. 누군가를 만나서 대화를 나눌 때면 낯선 사람에 대한 호기심이나 철저히 듣기, 타인에 대한 배려 등도 도움이 된다. 실용적인 면에서 공감 능력도 주목받고 있다. 협업이나 팀워크가 날로 중요해지고 있기 때문이다.

"공감을 응용해 자기 행동의 지침으로 삼는 복잡한 사회적 기술에 통달하지 못한 사람은 도태될 것이다"라는 메시지에 주목할 필요가 있다. 자신을 되돌아보도록 돕는 성찰의 시간에 도움을 줄 것이며 아울러 새 출발을 향한 각오를 다지는 계기를 제공하는 책이다.

2부

기회

Opportunity

경영 사상가 50인이
CEO에게 띄우는 편지

《사장은 어떻게 일해야 하는가》
이끄는 사람들이 반드시 실천해야 하는 것들

이 어려운 시대에 사장은 무엇을 해야 하나?

이런 질문처럼 지금 절실한 질문이 있을까 싶다. 경영학계의 대표적인 지식인들이 사장에게 보내는 편지를 모은 책이 나왔다. 톰 피터스와 마셜 골드스미스의 《사장은 어떻게 일해야 하는가》(메디치미디어, 2018)는 저자들 나름대로 사장이 해야 할 일을 정리한 책이다. 대표적인 인물들의 조언이나 전망이나 주장을 담은 책들이 이따금 서점가에 선을 보인다. 이런 유의 글에서는 수확할 것이 의외로 많다. 긴 글이 아니라 짧은 글, 그것도 각자의 지혜를 전해야 하는 것에는 핵심 메시지가 담겨 있을 가능성이 높다.

경영 서적계의 원조로 불리는 톰 피터스는 나폴레옹의 명언인 "전쟁의 기술에는 복잡한 전략이 필요하지 않다. 가장 단순한 것이 최선이고 상식은 기본이다. 장군들이 실수를 범하는 이유는 그들이 영리해지려고 노력하기 때문이다"를 편지에 담았다. 그렇다면 그가 생각하는 단순한 것은 무엇일까. 그는 "최고가 되십시오. 그것만이 혼잡하지 않은 유일한 시장으로 가는 길입니다"라고 말한다.

가장 영향력 있는 경영 코치로 불리는 마셜 골드스미스는 똑똑한 사장들이 직면하는 네 가지 문제점을 제시한다.

- 얼마나 똑똑한지 증명하려 들지 않기
- 얼마나 옳은지 증명하려 들지 않기
- 이미 알고 있는 것임을 말하지 않기
- 모두가 나와 같지는 않음을 생각하기

이 가운데 똑똑한 사람들이 흔하게 범하는 실수는 "나도 이미 알고 있다"고 지적하지 않은 채 잠자코 듣는 것이다. 그는 자

"전쟁의 기술에는

복잡한 전략이 필요하지 않다.

가장 단순한 것이

최선이고 상식은 기본이다."

신의 편지를 "개인적으로 훌륭한 성취자가 되는 것은 모두 나와 관련된 일이지만, 훌륭한 리더가 되는 것은 모두 다른 사람과 관련된 일입니다"라는 울림이 있는 말로 맺는다.

저명한 강연자이자 작가인 제이미 앤더슨과 아옐렛 바론은 인생의 근본 문제에 대한 성찰을 촉구한다. 그들이 사장들을 만나면서 갖게 된 경험은 많은 사장이 자신들이 이룬 업적을 바탕으로 스스로를 정의한다는 점이다. 여기서 한 걸음 나아가 그들은 성취 외에 다른 모든 것을 부수적으로 생각한다는 사실이다.

그들의 조언은 그것을 넘어서 보라는 것이다. 그들은 "조직의 가치를 인식하고 창출하는 것을 넘어, 당신 자신을 위해 목적의식이 있는 목표를 만들어야 할 때입니다"라고 말한다.

컨설팅 기업 이노사이트 대표인 소콧 앤서니는 커지는 불확실성에 대처하는 방법으로 '듀얼 트랜스포메이션'을 제시한다. 트랜스포메이션A는 현재의 비즈니스를 재배치하는 것이고, 트랜스포메이션B는 미래의 성장 엔진을 만들어내는 것이다. 이를 위해 사장은 항상 세 가지 질문에 익숙해져야 한다.

- 오늘의 우리는 누구인가?
- 내일의 우리는 어떤 존재가 되어야 하는가?
- 이 변화를 어떻게 시작할 것인가?

런던대학교 경영대학 교수인 줄리언 버킨쇼는 비즈니스 환경의 변화에 신속하게 대응하는 능력인 '전략적 민첩성' 향상을 꼽는다. 규칙과 절차가 가져올 수 있는 관료주의를 배격하고 행동에 집중해야 한다고 조언한다.

관료주의에 대응한 개념으로 '애드호크라시'를 제시하는데 이는 형식 절차를 간소화하고, 갖가지 위원회 수와 규모를 줄이고, 본사에 있는 핵심 조직을 없애고, 대신 여러 소규모 팀에 권한을 부여해 사용자의 요구에 신속히 대응하는 가볍고 민첩한 모델로 대체하는 것을 의미한다. 애드호크라시는 조직 모델이 아니라 일종의 정신 상태를 뜻한다는 점을 강조한다.

버클리대학교 경영학과 교수인 헨리 체스브로는 사장이 짊어져야 할 최고의 책임으로 조직의 미래 보장을 꼽는다. 그로노블경영대학원의 마크 에스포지토는 더 근본적인 처방을 제시한다. "겸손해지십시오. 세상이 당신에게 열릴 것입니다"라고.

경영인 50명의 지혜를 담은 편지를 읽는 동안 멋진 문제 해결책을 얻을 수 있을지 누가 알겠는가.

'자유와 책임'을
경영 원칙으로

《파워풀》
넷플릭스 신화의 비밀을 파헤친 결과물

내부인이 분석한 넷플릭스 성공 비결은 무엇일까. 14년 동안 넷플릭스의 최고인재책임자로 일한 패티 맥코드가 쓴 《파워풀》(한국경제신문, 2018)은 독특한 시각으로 접근한 넷플릭스 고속 성장의 비결을 담은 책이다. 책 제목인 '파워풀'에 책의 핵심 메시지가 오롯이 담겨 있다. 저자는 "파워풀은 인재들이 가진 힘을 실제로 발휘할 수 있는 조건을 만들어주는 것이다"라고 말한다.

《파워풀》은 다양한 사람이 모인 조직에서 경영 철학이 얼마나 중요한가를 말해준다.

- 어른으로 대접하라
- 도전에 대해 끊임없이 소통하라
- 극도로 솔직해져라
- 격렬하게 토론하라
- 원하는 미래를 '지금' 만들어라
- 모든 포지션에 최고의 인재를 앉혀라
- 직원의 가치만큼 보상하라
- 멋지게 헤어져라

모두 8개 장의 소제목들을 확인하다 보면 책에 어떤 내용이 담겨 있는가를 추측할 수 있다.

서구와 한국의 문화와 토양이 다르지만 이 책의 메시지는 오늘의 한국 사회와 기업에도 던지는 교훈이 크다. "인간은 어떤 환경에서 자신의 역량을 최고로 발휘하는가"라는 물음에 넷플릭스 창업자 리드 헤이스팅스는 온정주의를 답으로 생각하지 않는다. 그는 자신의 신념에 따라 넷플릭스의 구성원 개개인에게 선택할 수 있는 자유를 허용하는 대신 결과에 대한 책임을 지도록 요구한다. 또 직원들이 한껏 능력을 발휘할 때 걸림돌

"넷플릭스는 자유주의 원리를

회사를 대상으로 실천에 옮겨

크게 성공한 경우에 해당한다."

이 되는 정책, 절차, 규정들을 철저하게 제거하는 데 경영의 초점을 맞춰왔다.

넷플릭스는 '자유와 책임의 문화'를 선언하는 것에 그치지 않고 구성원 개개인의 행동 강령이자 경영 철학이자 원칙이 되도록 실천해왔다. 한마디로 넷플릭스는 자유주의 원리를 회사를 대상으로 실천에 옮겨 크게 성공한 경우에 해당한다. 저자는 "넷플릭스와 그렇게 하지 않을 수 없었던가"를 이렇게 말한다. "스타트업의 세계로 뛰어든 후 깊이 깨달은 게 있다. 사람들은 저마다 힘을 갖고 있다는 사실이다. 회사의 일은 직원들에게 권한을 부여하는 것이 아니다. 직원들 자신이 힘을 가지고 출근한다는 사실을 상기시키고, 그들이 실제 힘을 행사할 수 있는 상황 조건을 만들어주는 것이다."

넷플릭스는 올바른 인간관에 바탕을 둔 경영을 해온 덕분에 엄청난 성취를 할 수 있었다. 넷플릭스는 무자비할 정도로 불필요한 절차를 제거함으로써 구성원들이 뭔가 새로운 도전을 할 때 걸림돌이 되는 것을 제거했다. 이를 두고 저자는 "지속적인 실험"이란 표현을 사용한다. 한마디로 사람들을 자유롭게 해주라는 조언이다. 경영진은 자신들이 구성원들에게 제공할 수 있는 혜택 가운데 하나는 구성원이 사업과 고객을 더 잘 이해하도록 돕는 일이라고 한다. 이를 위해 직원들에게 최신 정보를 제공하고자 할 수 있는 모든 조치를 취해왔다. 회사가 어디로 가고 있는지, 회사가 어떤 어려운 과제들을 안고 있는지 등을 솔직히 알리고 힘을 모아서 함께 해결해가는 방법을 사용해왔다.

저자는 직원들과의 정보 공유가 제대로 되고 있는지를 확인하는 방법을 제안한다. "휴게실이나 엘리베이터에서 직원을 만나면 회사가 앞으로 6개월 동안 해야 할 가장 중요한 일 다섯 가지가 무엇인지 물어보라."

그런데 한때 조직이 필요로 했던 사람도 환경 변화와 조직의 성장과 함께 필요하지 않을 수 있다. 넷플릭스는 회사와 조직원의 관계에 대해 명료한 원칙에 따라 만남과 헤어짐을 반복해왔다. 저자는 직원들에게 자주 "당신은 어떤 일을 하기 위해 채용됐고, 이제는 다 마쳤습니다"라고 말한다. "차고를 짓기 위해 고용한 사람이 마당의 잔디를 깎는 데 필요하지는 않죠"라는 비유를 들기도 한다. 다소 냉정하게 보일 수도 있지만, 사람들은 어떤 환경에서 자신의 모든 것을 발휘하는가를 깨우쳐주는 책이다.

데이터 시대에도 핵심은
'지혜'

《데이터를 철학하다》
데이터 시대라는 신세계와 그 시대 생존법

    지금은 데이터 역사상 획기적인 시대다. 수집한 방대한 데이터가 '실제 그 자체'를 재구성하는 일을 가능하도록 만들어주고 있기 때문이다. 이 시점에서 우리나라의 대표적인 IT경영학자 장석권 한양대학교 경영대학 교수의 《데이터를 철학하다》(흐름출판, 2018)는 데이터를 중심으로 지금 어떤 일이 일어나고 있는지, 앞으로 어떤 일이 일어나는지를 대화하듯 풀어놓는다.

    독자들은 이 책을 통해서 빅 데이터, 인공지능, 사이버 물리 시스템CPS, 4차 산업혁명 등과 같은 딱딱한 주제들을 쉽게 이해할 수 있을 것이다. 하나의 상품으로서 이 책은 디자인, 글꼴, 편집 등이 조화를 이뤄서 '아름답다'는 생각이 들 정도로 잘 만든 작품이다.

책은 데이터의 탄생, 정보의 지도, 지능의 미래, 지혜의 시대라는 4부로 구성된다. 데이터는 사물, 현상, 사건, 인간관계 등에 관한 관찰 기록이다. 객관성을 가진 것처럼 보이는 데이터도 인간의 기회주의적 행동으로 말미암아 그 해석이 왜곡될 때가 잦다. 그런데 이 시대는 엄청난 정보를 수집하는 일이 가능하게 됨으로써 데이터를 통해 실체에 다가설 가능성은 커지고 왜곡의 가능성은 작아지고 있다. 빅 데이터의 의미에 대해 저자는 "빅 데이터는 데이터 우주를 밝히는 우주 망원경"이라고 말한다.

정보를 탐색하는 방법은 스캐닝, 모니터링, 개관, 연구 네 종류가 있다. 스캐닝은 정보 탐색이 광범위하고 대상에 대해 알려진 것이 거의 없을 때 이뤄지는 정보 탐색 활동이다. 모니터링은 관찰 대상이 고정된 순간부터 이뤄지는 정보 탐색 활동이다. 특히 위험을 감지하고 기회를 포착하기 위해서는 스캐닝을 제대로 할 필요가 있는데 네 가지 가이드라인을 제안한다. 탐색 영역을 포괄적으로 규정하고 체계화하는 일, 센싱 능력을 키우는 일, 멀리 보는 일, 자동 감시 및 경보 시스템을 구축하는 일이다.

데이터에 유용성을 부여한 것이 정보라면 탐색한 정보에 활용성을 부여한 것이 지능이다. 지능이 정보를 가공하게 되면 활용 목적에 맞게 가공된 고급 정보로부터 도출해낸 적합한 행동이 나오게 된다. 빅 데이터 기반의 딥 러닝이나 머신 러닝은 모두 인공지능을 구현하는 방법이다.

오늘날 거의 보통 명사로 자리 잡은 'CPS'는 "실세계와 컴퓨터 속의 사이버 세계를 실질적으로 연결하려는 시도"를 말한다. 4차 산업혁명의 대표적인 미래 플랫폼인 CPS에 대해 저자는 그 의미를 이렇게 평한다. "실세계에서 실행하기 어려운 학습 과정을 사이버 공간에서 구현함으로써 현실에서 100년 만에 얻을 수 있는 지능을 불과 수일 내에 얻을 수도 있다. 미래 사회를 변화시킬 지능은 앞으로 CPS 플랫폼을 기반으로 학습되고 개발되고 축적될 가능성이 크다."

그럼에도 불구하고 데이터 시대에도 핵심은 지혜라는 한 단어에 모인다. 저자는 포스트휴먼이 차세대 인류라면 호모 소포스지혜로운 인간는 인류의 미래상이 돼야 한다고 주장한다.

데이터 시대의 지혜는 어디에서 비롯되는가. 하나는 올바른 가치관이고 다른 하나는 세상 이치에 관한 깊은 이해다. IT전문

"빅 데이터는

데이터 우주를 밝히는

우주 망원경이다."

가가 내리는 미래 준비는 "지혜의 출발점은 큰 가치와 사소한 가치를 구별할 줄 아는 것"에 모인다. 생태계와 자연의 섭리를 제대로 이해하는 것의 중요성을 강조하는 저자는 "생태계의 핵심 동인인 인간의 자유의지가 훼손되지 않도록 해야 한다"고 조언한다. 기술적인 내용을 철학적인 사유 방법으로 풀어내기도 쉽지 않지만 결론은 건강한 상식과 지혜와 만나는 점이 놀랍다.

실제로 장사를 하다 보면…
사업가가 쓴 무역서

《글로벌 경제는 어떻게 움직이는가?》
무역으로 살아야 하는 사람들을 위한 입문서

홍재화의 《글로벌 경제는 어떻게 움직이는가?》(좋은책만들기, 2018)는 약 35년 동안 무역 분야에 종사해온 경영자가 쓴 해외 시장에 관한 책이다.

무역에 관한 저서들은 주로 학자들이 쓰지만 이 책은 실무에 능통한 사람이 쓴 드문 책이다. 저자는 대한무역진흥공사에 입사해 일하다가 직접 무역으로 사업을 하는 사업가로서 그동안 쓴 책만 10여 권에 이른다.

책에는 특정 주제를 마무리하고 난 다음 '실제로 장사를 하다 보면'이란 작은 주제로 저자의 경험담을 싣고 있는데 많은 사람에게 도움이 될 것이다. 독자들은 직접 현장을 뛰는 사업가 입장에서 바라본 해외 시장에 대한 다양한 의견에서 많은 것을 얻을 수 있다.

국제 시장과 국내 시장의 역학 관계, 국제 시장의 작동 메커니즘, 국제 무역과 금융의 관계, 한중 무역, 미중 무역 등 각 장의 제목은 평이한 주제라는 생각이 들게 한다. 구석구석을 훑다 보면 주목할 만한 정보들을 만날 수 있다. 불안정한 중국 상황으로 인해 중국 진출에 보수적이어야 한다는 일각의 주장에 대해 저자의 생각은 다르다. "우리만큼 중국을 잘 아는 나라도 없다. 우리가 모르는 중국은 전 세계도 모르고, 중국인 그들도 모른다." 일본 시장 개척에 대해서도 저자는 독특한 의견을 내놓는다. "굳이 배척하는 곳에 힘겹게 들어가려 할 이유가 없다. 그 정도 노력으로 다른 곳에 기분 좋게 들어가는 편이 비용이나 시간을 절약하고 수출도 더 늘릴 수 있는 지름길이다."

세계 각국은 그동안 경기 부양을 위해 상당한 돈을 풀었다. 그런데 인플레이션이 오지 않은 이유는 무엇일까. 일본과 유럽은 2001년에 비해 각각 2.08배와 2.92배의 돈을 풀었다. 미국은 4.83배나 풀었다. 그런데 저물가 상태를 유지하는 이유는 개발도

"우리만큼 중국을 잘 아는 나라도 없다.

우리가 모르는 중국은 전 세계도 모르고,

중국인 그들도 모른다."

상국으로 이전된 생산 설비비용이 과거에 비해 거의 50% 이하로 줄어든 까닭이다. 또한 제조업 이익률은 10%대 이하까지 뚝 떨어졌다. 화폐가 늘어나고 있는 만큼 공급자가 늘어나고 있다. 산업화되지 않은 나라들이 속속 세계 경제 시스템에 진입되기 때문에 여전히 값싼 공급처가 되고 있다. 선진국이나 중진국 시민들의 생활수준이 기대만큼 성장하지 않는 이유이기도 하다.

거래 성사에 대한 저자의 생생한 경험담은 기본에 대한 중요성을 환기시킨다. 파나마 시장개척단이 한국을 방문했을 때 저자는 한국의 한 수출업체와 파나마 관계자를 연결시킨 적이 있다고 한다. 기대와 어긋나게 거래가 성사되지 않았는데 그 후일담이 인상적이다. 파나마 관계자는 "한국 업체의 세일즈맨이 대화를 하면서 무표정한 얼굴을 하고 있는 데다 자꾸 손가락질을 했다"고 불만을 털어놓았다. 무역에서 좋은 매너가 중요하다는 점을 강조하기 위한 사례다.

그 밖에 깊은 생각 없이 상대방에게 무역 독점권을 제공해서 낭패를 본 사례들은 실무를 하는 사람이 아니라면 잡아낼 수 없는 귀한 지식이다. 환리스크를 줄이기 위한 상계, 매칭, 리딩과 래깅, 환위험 관리 체계 등도 관심을 가질 만하다.

사드 배치로 인해 중국의 진짜 모습을 확인한 한국인들이 많았을 것이다. 저자는 류짜이푸의《쌍전》(글항아리, 2012)에 나오는 내용을 소개하고 있다. 이는 중국 당국자들이 주변국을 대하는 방법에 대해 시사하는 바가 크다.

　　류짜이푸는 "중국을 대표하는 책인《수호지》는 폭력성을 일반화시켰고《삼국지》는 권모술수를 일반화시켰다"고 주장한다. 저자는 유비의 유교적 술수와 조조의 법가적 술수는 물론이고《삼국지》에 등장하는 정치 투쟁의 세 가지 원칙이 여전히 중국 당국자를 관통하는 방식이라고 강조한다. "성실성은 필요없다. 사당을 결성한다. 상대방에게 먹칠한다"에 나타나는 역사의 변질 현상을 지적한다.

　　이런 성향은 구조적인 문제이므로 앞으로도 변화될 가능성은 없다. 다만 한국인들이 그것을 이해하고 중국을 대해야 할 것이다. 최근 미·중의 갈등도 그 뿌리에는 불공정한 무역 행위가 있다. 쉽게 읽을 수 있는 무역 관련 서적이다.

장사의 도道를
깨우치고 싶다면

《트럭 모는 CEO》
바닥부터 시작해서 장사로 입신하는 법

사람 이야기는 픽션과 다른 독특한 재미가 있다. 특히 인생의 바닥까지 떨어지면서 극한 부침을 겪은 사람들의 인생 이야기가 주는 감동과 교훈은 남다르다.

연 매출 100억 원대의 '국가 대표 과일촌'의 대표로 활약하고 있는 배성기 대표의 인생 역전 스토리를 담은 책이 나왔다. 《트럭 모는 CEO》(센시오, 2018)는 인생 부침사를 담고 있을 뿐 아니라 자신이 운영하는 '트럭장사사관학교' 이야기를 담았다.

트럭장사사관학교는 삶의 막다른 길에 도달한 이들에게 트럭장사의 노하우를 전수하고, 그들의 오프라인 가게를 지원하기 위해 만든 일종의 학원이다. 엄격한 선발 과정을 거치지만 트럭장사사관학교의 생존율은 20%에 불과하다. 80%의 재학생들이 하루, 사흘, 세 달 안에 그만두고 말 정도로 어렵다.

CEO 이야기만 전문으로 펴내는 출판사 센시오의 《사업을 한다는 것》의 레이 크록, 《돈키호테 CEO》의 야스다 다카오安田隆夫 등의 저서에 비해 다소 몰입도가 떨어진다. 그럼에도 불구하고 이 책을 추천하기로 결심한 이유는 '장사의 노하우'를 배울 수 있는 덕분이다. 실용서의 강점 중 하나는 좀처럼 접하기 어려운 현장 지혜를 접할 수 있다는 것이다. 장사에 관심 있는 사람이나 누군가를 설득하기를 소망하는 사람이라면 저자의 체험 지식에 주목해야 한다.

저자는 "나는 과일이 도자기와 같다고 생각한다. 도자기 감정하는 법을 익히려면 글로만 배울 수는 없다"고 강조한다. 도자기 감정법과 마찬가지로 과일 감정법은 혀와 눈을 단련시키지 않고서는 익힐 수 없다. 의외로 눈으로 보는 것만으로 과일을 판단하는 사람들이 많은데 "글로 장사를 배우려 하면 몸만 고생할 뿐이다"라는 말을 강조한다.

또 저자는 "장사는 머리로만 하는 게 아니라 일단 부딪쳐봐야 한다"고 말한다. 모두가 손사래를 치더라도 약간의 가능성이 있다면 일단 해봐야 한다. 어떤 일이든 그렇지만 유난스러움이 다름을 만든다. 일단 좋은 과일을 살 수 있어야 제값을 받고 팔 수 있는데, 이때 구매 전담자에게 얼마나 유난스러움을 표현할 수 있는가가 중요하다. 유난스러운 사람에게 구매 담당자는 더 좋은 상품을 줄 가능성이 높다.

고객의 입에서 "이렇게 자꾸 덤으로 더 주면 장사를 어떻게 하나"라는 이야기가 나올 정도가 돼야 단골 장사를 할 수 있다. "더 주는 장사가 곧 남는 장사"라는 것은 저자의 체험에서 나온 확신이다.

이뿐 아니라 장사에서는 군중 심리가 중요하다. 사람이 몰리는 곳에는 더 많은 사람이 몰리게 된다. 트럭장사에서 지나가는 한 사람을 멈춰 세우는 일은 매우 중요하다. 트럭장사는 바로 거기서부터 일이 벌어지기 때문이다. 한 명으로 인해 다른 행인들이 몰려든다. 장사꾼은 뒤통수에도 귀를 달고 있어야 한다. 고객과 대화를 나누면서도 다른 손님이 걸어오는 말에 즉각 대응할 수 있어야 한다. 손님이 아무리 많더라도 개개인이 각자 대접받고 있다는 인상을 심어주는 것이 장사의 핵심이다.

"장사는 머리로만 하는 게 아니라

일단 부딪쳐봐야 한다."

트럭장사사관학교에는 팀원이 반드시 지켜야 할 운영 수칙이 있다. 장사의 도道에 관심 있는 사람들에게 권하고 싶다.

- 의자를 갖다 버려라. 장사는 순간이다. 트럭에서 한 걸음 벗어나기 전에 고객을 잡아야 되므로 앉는 것은 허용하지 않는다.
- 옷차림을 단정하게 해야 한다. 고가의 옷이나 금목걸이 등도 허용하지 않는다.
- 쓰레받기와 빗자루는 필수다. 청결 때문이다.
- 휴대전화 게임을 삭제하라. 게임 유혹에 못 이겨 손님을 보지 못하는 상황이 일어날 수 있다.
- 확성기를 꺼라. 목소리로 승부를 거는 것이 확성기 사용자와 확실한 차이를 낳는다.

'노렌을 지킨다',
일본 장수 기업의 고집

《일본 중소기업의 본업사수경영》
자기 분야를 깊이 파고들어간 기업 이야기

"일본의 성공한 작은 기업들은 고집스럽게 지켜나가는 무언
가를 반드시 가지고 있다." 오랫동안 일본을 지켜봐온 전문가가
그들이 가진 '그 무엇'을 탐구한 책이다.

오태헌의 《일본 중소기업의 본업사수경영》(삼성경제연구소,
2019)은 혹독한 장기 불황을 견뎌내고 끝끝내 생존에 성공한
일본의 작은 기업을 탐구한 책이다. 한국과 일본은 달라도 너무
다르다는 생각을 하면서도 결국 경영이 어떠해야 하는가를 생
각해볼 수 있도록 돕는다. '일본 중소기업 진화 생존기'라는 프
로그램으로 제작한 것들이므로 상당한 노력이 투입되었다. 기

업들의 사례 연구가 풍성해 독자들은 읽는 내내 고마운 마음이 들 것이다.

일본에는 지금도 100년의 역사를 지닌 작은 기업들이 많다. 오랜 세월 지속적인 위기에 굴하지 않고 살아남은 저력은 무엇일까? 저자는 이를 '본업사수경영'에서 찾는다.

"일본의 많은 중소기업의 장수는 본업을 사수하겠다는 결의에서 비롯된 경우가 많다. 가업이 가업이 되고, 위기를 맞더라도 유행에 휩쓸린 사업 다각화는 좀처럼 하지 않는다."

우리에게 익숙한 "양적으로 사업을 키워야 한다"는 통념이 그들에겐 적용되지 않는다. 이는 어디에서 비롯되었을까. 일본에서는 기업을 영속시켜나간다는 것을 비유적으로 "노렌_{상점 입구} _{의 처마 끝이나 점포 입구에 치는 무명천으로 만든 가림막}을 지킨다"라고 말한다. 노렌을 지키는 기업들은 초밥가게, 우동가게, 주물공장, 금형공장 등 업종을 불문하고 다양하다.

노렌을 지키는 기업은 어떤 특성을 갖고 있을까. "노렌을 지키는 것에 근간을 두고 본업을 지속해나가겠다고 생각하면 기업은 숱한 위기를 경험하면서도 어떤 방향으로든 진화한다. 이들에게는 장수하는 것이 목적이 아니라 본업을 지키는 것이 우

"일본의 많은 중소기업의 장수는

본업을 사수하겠다는 결의에서

비롯된 경우가 많다."

선시된다. 장수는 그에 따른 결과일 뿐이다."

생존을 넘어 끊임없이 진화하면서 전진해온 일본의 중소기업들에게는 양보할 수 없을 뿐 아니라 타협할 수 없는 자사만의 철학이 있다. 이를 '고다와리 경영'이라 부른다. 여기서 고다와리는 '~에 얽매이다', '~에 집착하다'는 뜻이다. 따라서 고다와리 경영은 역사적으로 배양된 노렌을 지키겠다는 일본 고유의 기업 문화를 바탕으로 자기 분야를 깊이 파고들면서 최고의 것을 만들어내는 경영을 뜻한다.

고다와리 경영으로 성공한 기업들은 우직하리만큼 본업을 고수하면서도 놀라울 정도로 환경에 대한 변신 능력을 갖고 있다. 다시 말하면 기업 고유의 본질을 바꾸는 일은 용납하지 않지만 성역 없는 변신을 꾀하는 것은 받아들인다.

이 책은 모두 5개의 장으로 구성되어 있으며 각각의 장은 고다와리 경영을 채택한 일본 기업들의 변신을 분류한 것이다. 변신의 성격과 방향에 따라 '매력적인 경영자', '명확한 지향점', '글로벌 마인드', '개선 능력', '변화 적응 능력'으로 구성된다. 외형상 한국이 일본을 꽤 따라잡았다고들 말하지만, 내면을 들여다보면 한·일 간의 격차는 여전히 크다.

몇 해 전 오사카의 성형공장을 방문했을 때 그곳 경영자로부터 들었던 이야기를 저자는 이렇게 기술했다. "나는 공장 한편에 쪼그리고 앉아 있는 게 제일 마음 편합니다. 내게는 기계 돌아가는 소리가 배경 음악으로 들리거든요. 앉아 있으면 상태가 좋지 않은 기계를 단번에 알 수 있어요."

이 책에 소개된 30개 기업들은 정도의 차이는 있지만 저마다 비장의 무기가 있다.

저자는 또 이런 문장도 썼다. "일본 기업을 통해 배워야 한다는 글이 차고도 넘친다. 그런데 우리가 무엇을 배웠는지, 그 흔적을 찾을 수 없다." 일본을 추격하면서 수십 년을 지내왔지만 이 땅에서 이 세상에서 최고의 것을 만드는 사명으로 대를 이어가는 기업을 만나는 일은 쉽지 않기 때문이다.

불황을 헤쳐나가는 기업들에 교훈과 분발, 성찰을 요구하는 책이다. 발로 뛰는 연구 결과물을 만들어낸 저자에게 고마운 마음을 전하고 싶다.

청결과 친절,
안도감을 팔다

《산속 작은 료칸이 매일 외국인으로 가득 차는 이유는?》
작은 료칸이 세상 사람들로부터 사랑받는 이유

청결과 친절, 일본다움이 어떻게 세계를 상대로 팔릴 수 있
는가를 다룬 책이 나왔다. 니노미야 겐지가 쓴《산속 작은 료칸
이 매일 외국인으로 가득 차는 이유는?》(21세기북스, 2018)이다.

저자는 이 책에서 일본의 오래된 작은 시골 료칸이 어떻게
쟁쟁한 온천 지역의 료칸들을 제치고 전국 3위에 오르게 되었
는지를 설명한다. 저자는 일본 규슈 오이타현에 위치한 료칸 야
마시로야의 주인장으로서 자신의 성공 사례를 통해 지방의 작
은 료칸이 특히 한국이나 대만을 비롯한 전 세계인들로부터 사
랑받는 료칸이 될 수 있는가에 대해 말한다. 내수용 사업으로

만 간주했던 료칸이 세계 시장을 상대로 사업을 전개해 성과를 거둔 혁신 사례는 사업 현장에 있는 많은 사람에게 교훈을 주기에 충분하다.

료칸 야마시로야가 성공할 수 있었던 이유는 대규모 설비 투자를 해서도 아니고 유능한 인재를 투입한 결과도 아니다. 멀리서 방문한 고객들에게 '안도감'이란 가치를 제공한 것이 주효했다. 저자는 자신의 성공 요인에 대해 이렇게 말한다.

"가족 경영 료칸이 가지고 있는 매력을 외국인에게 적극적으로 알리고, 좀 더 나은 대접을 할 수 있도록 노력하고 좋은 환경을 만들기 위해 노력했을 뿐이다. 이렇게 함으로써 '안도감'이야말로 최고의 대접이라는 야마시로야의 기본 이념에 다다르게 되었다."

저자는 큰 료칸은 큰 료칸에 맞는 방식이 있고 작은 료칸은 작은 료칸에 맞는 방식이 있다고 믿는다. 남을 따라가는 것이 아니고 자신의 형편에 맞게, 자신의 강점을 충분히 살리는 것이 중요하다고 주장한다. 손님의 80%가 외국인이 된 것이나 가동률이 100%가 된 비결은 인터넷을 활용한 덕분이다. 소셜 미디어를 통해 전 세계의 고객들과 소통하는 것은 대단히 인상적이다.

특히 구마모토와 오이타 지진 이후에 야마시로야가 비교적 빠른 시간 안에 지진의 여파를 회복하고 정상 영업을 개시한 데는 소셜 미디어를 통해 발신하는 정보 덕이 컸다. 대지진 이후 페이스북에 올린 글은 세계 3만 7,000여 명의 눈길을 끌기도 했다.

유명한 온천지에 위치하지 않은 료칸이기에 저자의 글에는 절박감이 묻어 있다. 어떻게든 자신들이 갖고 있는 강점을 널리 알려서 고객들을 유치하기 위해 갖은 아이디어를 찾고 실행에 옮기는 가족들의 노력은 감동적이다. 절실하게 구하는 사람에게 길이 열린다는 평범한 진리를 다시 한 번 되새기게 하는 내용이 많다. 야마시로야가 크게 성공을 거두고 있음에도 불구하고 옛 방식을 고집하는 료칸들은 사양세를 벗어나지 못하고 있다. 경영자가 세상을 어떻게 바라보느냐는 점이 중요한데 저자는 "외국인 관광객의 흐름은 이제 막 시작됐다"고 판단한다.

저자가 외국인 관광객의 마음을 사게 된 것도 평범한 질문에서 시작됐다. "타국을 방문한 사람들이라면 무엇이 문제일까?" 이 질문에서 얻은 답은 너무나 평범하다. "외국인은 모든 활동에서 불안함을 가질 수 있다."

"외국인 관광객의 마음을 사게 된 것은

'타국을 방문한 사람들이라면 무엇이 문제일까?'라는

작은 질문에서 시작된다."

여기서 사업 아이디어로 착안한 것은, 외국인의 동선을 따라서 그들이 불안감을 느낄 수 있는 것은 하나하나 제거하는 작업을 시작하게 되면서 마음을 사로잡게 된다.

야마시로야에 도착한 사람들은 묻지 않더라도 "내일 일정이 어떻게 되는가?"라는 질문을 받는다. 일정을 들은 담당자는 친절하게 일정과 관련된 정보를 제공하는데, 이 과정에서 외국인 투숙객들은 걱정을 내려놓게 된다. 야마시로야가 제공하는 핵심 가치는 '안도감'이다.

책의 구석구석에 비용이 별로 들지 않는 작은 혁신 사례들이 가득 차 있다. 이처럼 잠재 고객을 위해 책을 내는 것만으로도 대단한 혁신이 아닌가.

역사가 된 필름 시대,
후지의 생환기

《후지필름, 혼의 경영》
혹한기를 거치면서 살아남은 이야기

필름 시대를 기억하는 사람들의 뇌리에는 두 브랜드가 뚜렷이 남아 있다. 하나는 코닥이고 다른 하나는 후지필름이다. 난공불락의 요새였고 필름의 역사 그 자체였던 코닥은 2012년 파산하고 말았다. 그러나 후지필름은 생환에 성공한 것은 물론이고 제2의 전성기를 누리고 있다. 그 비결은 무엇일까.

위기의 순간에 회사를 맡아서 성공이란 과실을 거둔 주인공인 고모리 시게타카 후지필름홀딩스 회장의 《후지필름, 혼의 경영》(한국CEO연구소, 2019)은 후지필름 성공의 역사를 기록하고 있다. 참고로 그는 2003년 대표이사 사장 겸 CEO에 취임했고,

2012년부터 대표이사 회장 및 CEO를 맡고 있다.

그가 회사를 맡았던 때는 사진 필름 시장이 10분 1로 축소된 상황이었다. 쉽게 말해 주력 상품의 매출이 10분의 1로 떨어진 상태에서 출구를 찾아내야 할 사명이 그에게 주어졌다. 이런 위급한 상황이 되면 책임을 맡은 지도자 한 사람에 따라 회사가 죽기도 하고 살기도 한다.

그는 자신이 갖고 있는 리더의 역할을 이렇게 말한다. "1인자는 '진검의 승부', 2인자는 '죽도의 승부'를 행한다. 진검의 승부에서 패하는 것은 곧 죽음을 뜻한다." 조직의 1인자와 2인자가 짊어지는 무게감은 크게 차이가 난다. 2인자는 피할 수 있는 출구가 있지만 1인자는 그렇지 못하다.

리더가 세상을 바라보는 시각 그 자체가 고스란히 그의 삶에 반영된다. 세상은 대체 어떤 곳인가. 어떻게 세상살이를 바라봐야 하는가. 각양각색의 의견이 나올 수 있겠지만 저자의 핵심 단어는 '전쟁'이다.

"최고경영자가 지는 것은 회사가 지는 것과 같다. 자기 자신도 끝이지만 회사에도 피해가 간다. 그렇기 때문에 실패는 절대 용납할 수 없다. 이기는 방법을 필사적으로 생각할 필요가 있다."

"최고경영자가 지는 것은

회사가 지는 것이다.

그렇기 때문에 실패는 절대 용납할 수 없다.

이기는 방법을 필사적으로 생각해야 한다."

그가 CEO로 취임한 이후에 세 가지, 즉 철저한 구조 개혁과 새로운 성장 전략의 구축, 연결 경영 강화 방침을 내세워 개혁을 추진한다. 2003년 CEO에 취임하고 나서 2004년 2월 중기 경영 계획 'VISION 75'를 발표한다. 여기에 위의 세 가지 기본 방침이 담겨 있다. 이 방침이 힘을 얻으려면 임직원들의 파워 업과 동기 부여가 절대적으로 필요했다. 그는 이 방침을 발표하면서 자신이 갖고 있던 절박감을 이렇게 직원들에게 알렸다.

"현 상황을 도요타로 예를 들면, 자동차가 없어지는 것과 같다. 사진 필름의 수요가 점점 줄어드는 지금 우리는 이 같은 사태에 직면하고 있다. 하지만 이 사태를 정면으로 대처해야 한다."

그의 위기 극복 전략은 대단히 치밀했다. 그는 CEO가 되기 이전부터 기술 개발 부서의 최고책임자에게 후지필름의 기술 재고 조사를 지시했다. 그것을 토대로 사회의 필요와 비교해볼 것을 지시했다. 여기서 우리가 주목해야 할 점은 모든 위기 극복의 출발점은 엄정한 자기 평가에서 시작해야 한다는 사실이다.

1년 6개월 정도 시간이 경과한 다음에 나온 것이 '4분면 지도'였다. 가로축에는 현재의 기술과 미래의 기술이, 세로축에는 현재의 시장과 미래의 시장이 정리돼 있었다. 이 지도는 후지필름의 위기를 넘어서 새로운 역사를 기록하는 지도 또는 나침판 역사를 톡톡히 담당하게 된다. 그는 이 지도를 기초로 주요한 질문에 대한 답을 찾기 위해 임직원들과 힘을 모은다.

- 기존 기술로 기존 시장에 적용할 수 있는 것은 없는가
- 새로운 기술로 기존 시장에 적용할 수 있는 것은 없는가
- 기존 기술로 새로운 시장에 적용할 수 있는 것은 없는가

이 같은 탐구 과정에서 그는 후지필름이 어떤 기술을 갖고 있는지, 그 기술로 시장의 니즈에 어떻게 대응할 수 있는지를 찾아내는 데 성공한다. 이렇게 해서 의약품 산업 진출을 단행한다.

위기 탈출법으로부터 시작해 리더십 등 다양한 분야에 걸쳐 현실적 지식을 제공할 수 있는 귀한 책이다.

돈 버는 방법보다
돈을 잃지 않는 방법

《로스》
돈을 잃지 않는 방법에 관한 모든 것

누구나 돈을 잃어본 경험이 있지만 세상에는 돈을 잃지 않는 방법을 다룬 책은 아주 드물다. 반면 돈 버는 방법을 다룬 책은 무척 흔하다. 짐 폴과 브렌던 모이니핸의 《로스》(앳워크, 2018)는 돈을 잃게 만드는 심리 작용, 행동 특성, 정서를 살펴보고 손실을 피하는 방안을 제시한다.

모건스탠리 국제에너지부 총괄부회장으로 일하던 짐 폴은 9·11테러가 일어났을 때 뉴욕 현장에서 사망했다. 그는 이 책에 자신이 초기 투자자 시절부터 거금을 잃고 재기하기까지의 과정을 담았다. 그의 재기를 도왔던 것은 돈 버는 기술이 아니라 돈을 잃는 기술이었다. 전형적인 실패 사례는 성공한 사람들이 성공을 개인화하면서 발생한다.

독자들은 이 책에서 두 가지 진실을 배울 수 있다. 하나는 성공을 개인적인 것으로 받아들인다면 반복된 성공 기반 위에 실패가 찾아온다는 사실이다. 내가 잘나서 성공했다고 생각하는 순간부터 위기의 씨앗은 이미 뿌려져 있는 셈이다. 다른 하나는 실패를 경험할 때 실패를 개인적인 문제로 받아들이지 않는다면 반복되는 실패들을 기반 삼아 성공을 거둘 수 있다. 실패를 경험할 때 자존심이나 체면 혹은 오기 때문에 고집을 부리지 않는 것이 바로 실패를 개인화하지 않는 것을 뜻한다.

인생은 리스크투성이다. 어떤 결정을 내리든 그 결정이 당신이 원하는 방식의 결과를 낳을 수 없다는 사실을 기꺼이 받아들일 수 있어야 한다. 이는 여러분이 아무리 신중하게 내린 결정이라 할지라도 손실이 발생할 수 있다는 뜻이다. 투자든 경영이든 인생이든 손실 발생 가능성을 한 부분으로 받아들이는 것이 중요하다.

이 같은 평범한 진리를 받아들이지 못해 몰락한, 똑똑한 사람들의 이야기는 숱하게 제시할 수 있다. 애플의 스티브 잡스는

PC 매킨토시를 성공시킨 엔지니어들과 함께 추진한 후속 프로젝트인 넥스트에서 집요하게 자기 비전을 밀어붙인 결과 실패하고 만다. 란제리 브랜드 빅토리아 시크릿에서 놀라운 성공을 거둔 로이 레이먼드는 다음에 손댄 고급 아동 의류 분야에서 파산을 경험한다.

린든 존슨 전 미국 대통령의 베트남전쟁 패배 또한 자기 확신을 밀어붙인 결과 가운데 하나였다. 반면 코카콜라의 전설적인 CEO 로베르토 고이수에타는 뉴코크에서 실패한 이후에 유연하게 원래의 코카콜라를 클래식 코크로 부활시켜 실패를 만회하는 데 성공한다.

손실을 최소화하는 비결은 시장에 진입하기 전에 계획을 세우는 것이다. 계획을 세워도 손실은 발생할 수 있다. 투자와 경영의 본질에는 손실이 놓여 있기 때문이다. 그러나 계획을 세우면 여전히 돈을 조금은 잃겠지만 계획이 없으면 결국 전 재산을 잃을 가능성이 매우 높다. 당신이 시장에 진입하고 난 다음 손실이 발생하면 다음에는 필요에 따라 자신의 결정을 합리화하는 잘못된 결정을 내놓게 되는 것이 사람이다. 시장에 진출하기 전에 상황이 악화했을 때 당신의 퇴출 계획에 대해 서명하는 것

"반복된 성공 기반 위에

실패가 찾아온다.

내가 잘나서 성공했다고 생각하는 순간부터

위기의 씨앗은 뿌려진다."

이 손실을 줄이는 최상의 전략이다.

저자는 "시장에 진입하기 전이라면 당신이 받아들일 수 없는 손실액에 결코 서명하려 들지 않을 것이므로 시장에 참여하기 전에 기꺼이 감수할 수 있는 손실액이 얼마인지 결정해야만 한다"고 주장한다.

더 구체적인 방법은 손절매에 대한 당신의 계획을 종이에 적는 것이다. 당신이 규칙을 세운 다음 그 규칙을 게임으로 만드는 경우, 잘 통제된 일관성은 시장에서 성공을 담보하고 손실을 줄이는 비결이 된다. 만약 손실에 대한 한도를 정하지 않은 채 시장에 뛰어드는 경우라면 실패를 피하기 힘들다.

삶이 게임의 속성을 가진 점을 염두에 두고 읽어야 할 보석 같은 책이다.

항상 양들의 상태를
정확하게 파악하라

《양치기 리더십》
조직을 이끄는 원칙과 노하우의 모든 것

리더가 잘해야 한다. 아무리 좋은 자원들이 도처에 깔렸더라도 구슬을 연결해서 목걸이를 만들어내듯이 이를 잘 연결할 수 있어야 한다. 그래서 단 한 사람이 회사를 살릴 수 있고 단 한 사람이 나라를 살릴 수 있다.

리더와 리더십의 중요성은 아무리 강조해도 지나친 법이 없다. 가장이든 사장이든 대통령이든 뛰어난 리더가 돼야 한다. 리더십을 다룬 책들이 쏟아져나오는 세상이지만 계속해서 읽히는 책들은 특별한 점이 있다.

그중에 양치기로부터 배우는 리더십을 정리한 책인 케빈 리면과 윌리엄 펜택이 지은 《양치기 리더십》(김영사, 2005)은 눈여겨볼 만하다. 이 책은 뛰어난 양치기가 양을 어떻게 다루는지를 관찰한 결과에 바탕을 두고 사람을 이끄는 원리와 실천법을 정리했다. 나온 지 꽤 되었지만 30쇄를 넘어설 정도로 스테디셀러로 자리 잡았다.

양치기가 양을 움직이는 것과 리더가 사람을 움직이는 것 사이에는 유사점이 많다. 저자는 이를 일곱 가지 주제로 삼아 쉽고 재미있는 책을 펴냈다. 오늘날 한국 사회는 리더십의 위기라 부를 정도로 혼란스럽다. 책을 열자마자 한 문장이 마음에 울림을 남긴다. "위대한 양치기에게 양떼를 이끄는 일은 단순한 직업이 아닌 삶의 일부다."

이런 금언을 이 땅의 리더들이 가슴으로 받아들일 수 있다면 우리 사회가 훨씬 더 나은 사회가 되지 않을까 하는 생각이 들게 한다. 책은 인터뷰하기 위해 자신을 찾은 한 젊은 기자를 상대로 뛰어난 최고경영자가 양치기 리더십을 설명하는 형식을 취한다. 그런데 그 경영자조차 오래전 경영대학원을 다닐 때 교수님으로부터 배운 내용이라 한다.

최고의 경영 원칙은 다음의 일곱 가지다.

"위대한 양치기에게

양떼를 이끄는 일은

단순한 직업이 아닌 삶의 일부다."

- 양들의 상태를 파악하라
- 양들의 됨됨이를 파악하라
- 양들과 일체감을 갖도록 하라
- 목장을 안전한 곳으로 만들어라
- 방향을 가리키는 지팡이
- 잘못된 방향을 바로잡는 회초리
- 양치기의 마음을 품어라

"많은 리더가 일에만 너무 관심을 쏟고, 사람한테는 충분히 신경을 쓰지 않지. 마치 오늘 아침에 자네와 내가 양떼 주위를 걷고 있을 때 자네가 마음을 양떼에 두지 않고 행동했던 것처럼 말이야."

양떼의 상태를 건성건성 말할 것이 아니라 양떼 한 마리 한 마리가 지금 어떤 상태인지 온 신경을 집중시킬 수 있어야 무엇을 해야 할지 답을 찾을 수 있다. 리더가 시중의 아우성을 마치 남의 이야기처럼 받아들여서는 처방 또한 엉뚱한 방향으로 향할 수밖에 없다. "항상 양들의 상태를 정확하게 파악하라."

어떤 점에 주목해서 양들의 상태를 파악하는 것이 좋을까.

'SHAPE'라는 한 단어에 모든 것이 압축돼 있다. 강점Strength, 가슴Heart, 태도Attitude, 성격Personality, 경험들Experiences을 뜻하는 영어의 앞 글자를 모아서 만든 단어다. 저자는 "양들이 제대로 된 위치에 있는지 확인하기 위해 양들의 됨됨이SHAPE를 파악하라를 늘 기억해야 한다"고 말한다.

"네발짐승 중에 양이 제일 똑똑하지 않을지는 몰라도, 자기들이 위험하다는 걸 알아차릴 능력이 있네. 뭔가가 잘못됐다는 느낌이 들면 양들은 본능적으로 발끝을 세워서 살금살금 걸어다니지, 불안감 때문이야."

리더는 부하들의 아우성이 크지만 높아져 문제가 폭발할 때까지 기다려선 안 된다. 리더의 책무는 따르는 사람들이 갖고 있는 불안감을 없애는 것이기 때문이다. 그는 리더들에게 "직장에서 안정감을 얻지 못하면 사람들은 최고의 성과를 올릴 수 없다"고 거듭 강조한다.

리더십에 관심이 있는 사람이라면 직급이나 연령 고하를 막론하고 일독할 만한 책이다.

3부

통찰력과 관점

Insight & Perspective

평균은 없다,
모두 개개인일 뿐

《평균의 종말》
통념 깨기의 새로운 경지 열기

'생각을 생각하게' 만드는 책이 나왔다. 우리는 별다른 고민 없이 평균을 중심으로 생각하고, 말하고, 행동한다. 일생의 단계마다 우리 곁에는 평균이란 잣대가 졸졸 따라다닌다.

미국 하버드대학교 교육대학원 교수이자 발달심리학 전문가로서 개개인학연구소를 맡아 이끄는 토드 로즈가 쓴 《평균의 종말》(21세기북스, 2018)은 이 같은 평균적 인간의 관점을 취하는 것이 얼마나 위험한지, 그 대안은 무엇인지를 다룬다.

저자는 평균적인 사람은 없으며, 평균적 인간에 바탕을 두고 설계된 시스템은 실패할 수밖에 없음을 여러 사례를 들어 설

"당신에게 가장 잘 맞는 경로는

당신 자신의 개개인성에 따라

결정된다."

명한다. 그는 사회를 평균 대신 개개인으로서 바라보고 개개인으로서 가치를 존중할 수 있어야 한다고 말한다.

왜 사람들은 평균, 이를테면 평균적인 재능, 평균적인 성격, 평균적인 체격에 집착하는 것일까. 평균이 이상적이고 편리하기 때문이다. 하지만 세상에 있는 그대로의 모습은 개개인뿐이다. 우리에게 필요한 것은 개개인으로서 이해할 도구다.

20세기는 평균의 시대였다.

사회학자나 정책 입안자들의 머리는 평균이란 개념이 지배하고 있다. 예를 들어 마르크스의 이론도 평균화에 대한 열망에서 만들어진 것이다. 그 밖에 공장식 학교 제도, 테일러 시스템, 표준화한 커리큘럼 등은 모두 평균의 시대에 평균주의자들이 낳은 작품들이다. 평균주의의 주된 분석 방법은 종합 후 분석이다. 여러 사람을 조사한 뒤에 그룹의 패턴을 뽑아내고 이를 활용해 개개인을 분석하고 모형화한다. 그러나 개개인의 과학은 분석 후 종합을 택한다. 먼저 각 개개인의 패턴을 살펴본 다음 이런 개개인별 패턴을 취합해 종합적 통찰력을 얻는다.

후자의 원칙에 따라 개개인의 패턴을 살펴본 결과는 어떤가. 이 책의 핵심 주장인 개개인학에 의거한 세 가지 원칙, 즉 들쭉날쭉의 원칙, 맥락의 원칙, 경로의 원칙이 등장한다.

인간과 관련된 중요한 진실이자 개개인성의 첫 번째 원칙은 들쭉날쭉의 원칙이다. 이 원칙은 일차원적 사고로는 이해하기 힘든 '균일하지 않고 들쭉날쭉한' 뭔가를 이해할 수 없다는 입장을 취한다. 아직도 전문가들은 IQ로 지능을 평가한다. 다수의 회사가 인재를 구할 때 지적 능력의 일차원성은 반드시 존재한다는 믿음에 바탕을 두지만 구글은 들쭉날쭉의 원칙을 따른다.

두 번째 원칙은 뭔가 본질이 존재한다는 가정을 거부하는 맥락의 원칙이다. 어떤 사람의 행동을 평가할 때 특성이나 상황만 보는 것이 아니라 특성과 상황의 상호 작용을 본다. 어떤 사람의 행동을 본질적 기질로 보기보다는 특정 맥락에 따른 행동에 초점을 맞춘다. 예를 들어 마시멜로 효과는 본질주의의 전형적인 사례에 속한다.

세 번째 원칙은 경로의 원칙이다. 인간의 성장 과정에는 단하나의 정상적인 경로가 있고 나머지는 문제가 있다는 식의 주장을 거부한다. 저자는 "우리 삶의 모든 측면에는 똑같은 결과에 이르는 길이 여러 갈래이면 그 길은 저마다 동등한 가치를 갖고 있다. 당신에게 가장 잘 맞는 경로는 당신 자신의 개개인성에 따라 결정된다"고 말한다.

요컨대 평균은 허상일 뿐 실제로 세상이 돌아가는 모습은 평균 없는 세상에 가깝다고 말한다. 회사든, 기업이든, 나라든 개개인성 원칙에 큰 비중을 둬야 한다고 말한다.

저자는 고등 교육 제도야말로 평균에 충실하게 만들어진 시스템이라며, 이에 대한 개혁을 과감하게 주장한다. "시스템에 순응할 것이 아니라 이제는 개개인성을 중시함으로써 평균주의의 독재에서 해방돼야 한다." 평균의 종말은 곧바로 획일화와 평준화와의 결별을 뜻한다.

익숙한 통념에 대해 생각해볼 계기를 제공하는 책이다.

무형 자산 투자,
무형 경제의 부상

《자본 없는 자본주의》
자본주의가 경험하고 있는 유례없는 변화

영국의 학자인 조너선 해스컬과 스티언 웨스틀레이크가 쓴 《자본 없는 자본주의》(에코리브르, 2018)는 "시장에서 일어나고 있는 조용한 혁명을 다룬 책"이라는 평가를 받고 있다.

저자인 해스컬은 영국 임페리얼칼리지비즈니스스쿨 교수이고, 웨스틀레이크는 영국혁신재단인 네스타의 정책연구팀을 이끌고 있다. 이 책은 무형 경제의 시작을 알아채고 오랫동안 연구에 매진해온 두 저자의 성과물이다. 자본주의의 성격이 변한다는 것은 많은 사람의 삶과 산업의 부침, 부의 재편에 막대한 영향을 끼친다.

자본주의는 어떤 변화를 경험하고 있는가. 유형에서 무형 투자로의 장기적 전환이 있었고, 이런 추세는 지금도 가파르게 진행 중이다. 정책 입안자나 경제인이 이런 변화에 제대로 대응하고 있는가. 전환 대부분은 기업의 대차대조표나 국가 회계에는 나타나고 있지 않아 제대로 알아차리거나 변화에 대해 적절한 준비가 미흡한 실정이다. 회계사와 통계학자들은 무형 자산의 지출을 투자가 아니라 일상 경비로 계산하는 경향이 있기 때문이다.

세계적인 현상은 유형 투자는 둔화하고 있지만 무형 투자는 꾸준히 증가해왔다. 미국에서는 1990년대 중반을 기점으로 무형 투자가 유형 투자를 넘어서기 시작했다. 영국은 1990년대 말부터 무형 투자가 유형 투자를 추월했다.

이 책의 구성은 간결하다. 1부 '무형 경제의 부상'은 무형 투자가 기존의 유형 투자와 무엇이 다른가를 다룬다. '무형 자산의 4S'는 이 책의 뼈대에 해당하므로 독자들이 주의 깊게 이해해야 할 부분이다. 2부 '무형 경제의 부상이 미친 영향'은 무형 자산의 네 가지 특징이 어떤 영향을 미치고 있는가를 다룬다. 최신 연구 결과에다 실증 자료들이 더해진 실용서이므로 독자들은 미주와 참고문헌에서 도움을 받을 수 있다.

"무형 자산의 확장성은

수익성 높은 대기업이 등장할 수 있게 하고,

선도 기업과 후발 기업의 격차를 확대시키고,

근로자들의 격차 확대를 낳고 있다."

30여 년 동안 투자의 본질은 어떻게 변해왔는가. 거침없이 부상해온 종류의 투자는 아이디어, 지식, 예술적 콘텐츠, 소프트웨어, 브랜드 및 네트워크와 관계에 대한 투자 같은 무형 투자다. 무형 투자는 4S의 특성이 있다. 4S는 확장성, 매몰성, 스필오버파급, 시너지를 말한다.

스타벅스의 브랜드나 페이스북의 소프트웨어는 시간과 공간을 넘어서 무한하게 규모를 키울 수 있는 확장성이 있다. 무형 자산은 유형 자산과 달리 동시에 여러 장소에서 반복적으로 사용할 수 있다. 무형 자산은 일단 투자하고 나면 매각 등을 통해서 회수하기 어려운 매몰성이 강하다. 매몰성이 중요한 이유는 회수가 불가능한 고비용 투자이기 때문에 대출받기가 만만치 않다. 투자자들 또한 자칫 잘못하면 전부를 날릴 수 있다.

그 밖에 무형 투자가 다른 회사들로 유출되는 것은 방지하기가 쉽지 않으므로 스필오버 관리 능력이 뛰어난 회사들이 스필오버 효과를 한껏 활용할 수 있다. 무형 투자는 아이디어의 결합 등을 통해서 시너지 효과가 매우 큰 특성이 있다.

그렇다면 무형 투자는 어떤 변화를 가져오는가. 무형 경제의 부상은 장기 불황, 불평등, 기업 투자의 자금 조달, 인프라 등에서 큰 변화를 가져오고 있다. 예를 들어 무형 자산의 확장성은 수익성 높은 대기업이 등장할 수 있게 하고, 선도 기업과 후발 기업의 격차를 확대시킨다. 시너지와 스필오버는 경쟁업체 간의 격차를 벌림으로써 기업은 물론이고 근로자들의 격차 확대를 낳고 있다. 기업만의 문제가 아니라 공간의 문제도 발생하고 있다. 시너지와 스필오버를 누릴 수 있는, 번영한 도시들이 누리는 이점은 날로 커지고 있다.

시대를 관통하는 흐름을 조망할 수 있는 관점과 자료, 연구 결과를 제공해주는 '괜찮은 연구서' 성격의 실용서다.

친시장 정책은
경쟁을 보호하는 것

《사람들을 위한 자본주의》
자본주의의 건강함을 유지하기 위한 제언

이탈리아는 정실자본주의로 유명한 나라다. 개인의 실력보다 누구를 알고 있는가가 중요한 나라다. 이탈리아 출신의 작가 가운데 기억에 오래 남는 사람이 많다. 이들은 자신의 조국에 실망한 나머지 미국에서 성공한 사람들이다. 루이기 진갈레스는 1988년 미국으로 이민해 공부하기 힘든 곳으로 유명한 시카고대학에서 석좌교수가 된 인물이다.

루이기 진갈레스의 《사람들을 위한 자본주의》(한국경제신문, 2018)는 자본주의가 건강함을 유지하기 위해 무엇을 어떻게 해야 하는가를 다룬 책이다. 오늘날 한국 자본주의도 사방에서

"자본주의의 건강함을 회복하는 유일한 길은

친기업 정책이 아니라

친경쟁 정책임을 분명히 밝힌다."

집중 포화를 받고 있지만 이 체제 외에 달리 어떤 체제가 있는 가를 생각할 때가 많다. 이 책은 미국 자본주의의 변질을 대상으로 삼고 있지만 우리에게 많은 시사점을 제공한다.

조국 이탈리아를 두고 작가는 "출생에 기초한 특권으로 가득 찬 나라에서 그들은 출발점의 평등을 위해 싸우는 대신 모든 선발 메커니즘들을 제거하기 위해 애썼다"고 의미심장한 메시지를 던진다. 그 결과는 기대와 딴판으로 나왔다. 저자는 "평등주의의 예기치 못한 결과는 대부분 무지한 졸업생들을 획일적으로 배출했다는 것"이라고 설명한다.

우리가 주목해야 할 점은 이탈리아에서 일어나고 있는 일이다. 사람을 찾는 회사에는 신뢰할 만한 채용 기준이 없는 상태가 발생하고 그 결과 유일하게 작동하는 시스템은 개인적 연고에 의한 고용이다. 그는 이탈리아를 떠나게 된 이유를 "내 아버지를 포함해 많은 사람이 내가 교수가 되기를 원한다면 지역의 어떤 교수에게 수수료를 내야 한다고 말했다"고 했다. 이탈리아를 떠나 미국으로 가 아메리칸드림을 이뤄내는 데 성공한다. 이민한 지 6년 만에 시카고대학에서 종신 재직권을 얻은 것은 대단한 성취임에 틀림없다.

저자는 "내가 거둔 성공보다도 나는 더 많은 것을 미국에 빚지고 있다. 생명을 빚지고 있다. 이 나라가 아니었다면 나는 이탈리아 시스템이 주는 좌절감과 수치심을 극복하고 살아남을 수 없었을 것"이라고 소회를 밝힌다.

그런데 그가 자본주의에 관한 책을 쓰기로 결심한 이유는 이탈리아에서나 일어날 법한 일들이 미국에서도 일어나기 시작한 것을 알아차렸기 때문이다. 지식인으로서 미국이 점점 정실 자본주의를 닮아가는 모습에서 이것을 막아야 한다는 책무감을 강하게 느낀다. 그가 미국 자본주의에 내린 평가는 로널드 레이건 시절의 친시장주의 분위기에서 조지 부시를 거치면서 친기업주의 분위기로 미국이 탈바꿈하고 있다는 점이다. 친기업 정책을 편다는 점에서 공화당과 민주당은 다를 바가 없다고 꼬집는다.

그는 미국 자본주의는 '민관 협력'이라는 이름으로 나라를 위하는 일을 하는 것처럼 하면서 정부로부터 납세자의 돈을 빨아들이는 프로젝트가 대거 등장한다는 점을 지적한다. 특히 2008년 글로벌 금융위기 시절 '경제위기 극복'이라는 미명하에 막대한 납세자 자금이 특정 대기업 구제를 위해 사용된 점에 대해 작가는 강한 비판의 날을 세운다. 그는 자본주의의 건강함을 회복하는 유일한 길은 친기업 정책이 아니라 친경쟁 정책임을 분명히 밝힌다. 친시장 정책은 기업을 보호하는 정책이 아니라 경쟁 자체를 보호하는 정책이어야 함을 뜻한다.

작가의 목소리에서 한국 사회가 교훈을 얻었으면 한다. "위태로운 것은 우리의 돈이 아니라 우리의 자유다. 정실주의는 언론의 자유를 탄압하고, 공부하려는 인센티브를 없애면 취업의 기회를 위태롭게 한다. 이것이 내 조국 이탈리아의 경제 성장 잠재력을 강탈했다. 나는 이것이 미국의 자유마저 강탈하는 것을 원치 않는다."

어린 시절 나를 키운 것은 '팔 할이 골목'

《골목 인문학》
세계 곳곳의 정겨운 골목으로

삶은 유한하고 우리가 가볼 수 있는 곳도 제한적이다. 설령 쉽게 가볼 수 있는 곳에서도 마땅히 봐야 할 것을 놓치는 경우가 많다. 사람의 눈에는 아는 것만큼 보이기 때문이다.

임형남·노은주의 《골목 인문학》(인물과사상사, 2018)은 인문학이 마치 배경 음악처럼 은은히 흐르는 골목 산책을 다룬 수필집이다. 가온건축을 운영하는 건축가 부부인 두 저자는 일반인들이 좀처럼 주목하기 힘든 국내외 골목길로 여러분을 인도할 것이다. 저자들의 맛깔스러운 문장의 힘이 과거와 현재를 오가도록 만들 것이며 이따금 깊은 상념에 젖게 할 것이다.

이 책을 손에 들고 읽는 내내 나는 마치 여행을 떠난 기분에 젖었다. 그것은 시공간을 넘어서는 여행길이었다. "어린 시절 나를 키운 것은 '팔 할이 골목'이다. 골목은 내 유년의 정원이고 들판이며 큰 스케치북이었다"라는 문장으로 시작한다.

저자의 여행은 그가 나서 자란 서울 입정동 골목길에서 시작한다. 독자 가운데 나이 든 사람들이라면 벌써 그 옛날로 자신이 돌아가고 있음을 느낄 것이다. 작가는 언어를 만드는 사람이다. 이런 면에서 이 책은 촉촉한 감동과 여운을 남기기에 부족함이 없다.

"한옥도 아니고 양옥도 아닌 묘한 집들과 일본 사람들이 떠나며 황급하게 놓아두고 간 적산가옥도 머쓱해하며 골목 구석구석에 박혀 있었다." 이렇게 그려진 곳은 서울 통의동 골목이다. 각각의 주제마다 골목길의 특징을 잡아낸 저자의 그림 솜씨가 자칫 딱딱해지기 쉬운 책을 한결 유연하게 만든다.

"서교동이란 지명에는 다리 서쪽에 있는 동네라는 의미가 있다. 여기에서 이야기하는 다리는 지금 없어진 잔다리라는 이름의 다리다. 예전에 경치가 좋았다던 선유도로 갈 때 건너던 다리였는데." 이런 설명이 서울에 살면서도 무심코 넘겼던 곳을

"이 책을 손에 들고 읽는 내내

독자들은 마치 여행을 떠난

기분에 젖을 것이다.

그 여행은 시공간을 넘어서는 여행길이다."

이해하도록 돕는다.

전라북도 군산시 신흥동과 월명동 골목, 전라남도 목포시 온금동 골목, 강원도 속초시 청호동 골목, 경상북도 영양군 입암면과 영양읍 골목, 부산광역시 초량동 골목처럼 쉽게 눈길을 두기 힘든 곳들을 소개하고 있다. 책 속에 있는 고장을 방문할 기회가 있다면 들러볼 만한 곳들이다.

우리나라를 두고 좁다는 표현을 사용하지만 실제로 이곳저곳을 다니다 보면 생각보다 넓다. 저자의 선배 중에 전통 건축과 마을을 연구한 원로 건축가가 있었는데, 50년을 답사한 소회를 "우리나라가 징하게 넓더라"라고 털어놓았다 한다.

우리나라 골목들만 다루지 않았다. 중국 저장성 사오싱 골목, 후난성 평황 고성, 구이저우성 먀오왕성, 일본 도쿄 메지로 골목, 도쿄 아오야마 골목, 교토 니시진, 교토 철학의 길, 교토 이치조치 골목 등이 등장한다. 책 속에는 한국과 일본을 잘 아는 로버트 파우저 교수와의 대화가 나온다.

"일본 거리는 너무 깨끗한데 상대적으로 집은 좁고 짐은 많아 어수선한 느낌이고, 한국 거리는 지저분한데 집은 넓고 깨끗하다는 것이다. 그리고 일본인에 대해서는 정확성과 예측 가능함을 장점으로 이야기했고, 한국인에게는 '이해할 수 없을 정도의 낙천성'을 장점으로 꼽았다."

일본 도쿄 아오야마 골목을 소개하는 글에서는 "길 끝에 이르면 일본을 대표하는 두 건축가를 만나게 된다. 한 명은 안도 다다오이고 또 한 명은 구마 겐고다"라는 문장이 등장한다. 이어 작가가 보는 두 사람의 건축의 특징들을 압축적인 문장으로 소개한다. 때로는 골목길 정경이, 때로는 골목길에서 만난 건축물의 특징이, 때로는 주변 지식들이 적절히 버무려진 책이기에 재미있게 읽을 수 있다.

체코 프라하 황금 소로와 터키 이스탄불 페네 골목에 대한 글은 정보원으로서도 가치가 있다. 언젠가 그곳을 방문해보리라는 생각을 할 수 있지만, 책을 덮고 난 다음 곧바로 인터넷 검색으로 그곳을 미리 방문해볼 수 있다. 글에서 느낀 감상이 실감나게 가슴에 전해옴을 느낄 수 있을 것이다. 주말에 여행을 떠나는 기분으로 읽기 좋은 책이다.

의심하기,
그리고 무지無知를 멀리하기

《교양 있는 대화를 위한 과학》
과학 세계와 과학적 사고에 대한 안내서

경제가 날이 갈수록 어려워지고 있다. 구조적인 문제도 있지만 정책 실패에 기인한 측면이 큰데, 그 원인 중 하나가 과학적 사고의 부재다. 과학적 사고는 과학과 기술 영역뿐 아니라 사회 문제를 이해하고 효과적으로 해결하는 데 필수적이다. 시민들이나 정책 입안자들이 과학적 소양이 풍부하면 할수록 올바른 정책을 선택할 가능성이 높다.

고려대학교 화학과 전승준 교수 외 8명의 이공 계열 교수가 참여하고 서울교육대학교 융합교육학과 강훈식 교수 등 20인의 교수진이 힘을 모아 집필한《교양 있는 대화를 위한 과학》(자음과모음, 2018)은 쉬울 수 없을 정도로 잘 쓴 과학과 기술에 대한 교양서다. 과학적 소양을 갖춘 시민과 학생들을 위해 집필한 이 책은 같은 목적으로 1990년대 말 발간된 미국의《모든 미국인을 위한 과학》이나 2000년대 발간된 일본의《과학 기술의 지혜》를 참고해서 만들었다.

이 책은 크게 3부로 구성돼 있다.

1부는 과학의 개념과 방법론을 소개하고 있다. 이 책에서 가장 권하고 싶은 내용으로 과학적 사고의 기초에 대해 쉽게 차근차근 설명하는 저자들을 따라가다 보면 과학적 방법론과 과학적 사고의 기초를 이해할 수 있다.

2부는 자연과 사회 현상에 관한 과학적 지식을 다루고 있다. 과학을 공부한 사람에게는 다소 평이한 내용이지만 과학적 지식의 전체 모습을 이해하는 데 도움을 줄 것이다.

3부는 자연과 사회 현상에 관한 과학적 지식을 다루고 있다. 과학적 태도의 핵심은 첫째, 객관적인 근거에 바탕을 둔 과학적 지식을 최선의 가설이나 설명으로 신뢰하는 것이다. 둘째는 현재의 지식을 절대적인 진리로 생각하지 않는 것이고, 셋째는 새로운 증거와 이론을 개방적인 자세로 수용하는 것이며, 넷째는 근거와 이론을 비판적으로 검토하는 것이다. 과학적 사고방식이나 태도는 넓은 의미에서 합리적 사고방식이나 태도와 일치한다.

어떤 사람이 과학적 소양을 갖춘다는 것은 과학 지식을 습득하는 것뿐 아니라 과학적 방법과 사고, 태도를 갖추는 것을 말한다. 프랑스 생리학자 클로드 베르나르는 "진정한 과학은 '의심하기'와 '무지'를 멀리하기를 가르쳐준다"고 말한 적이 있다. 자신이 옳다고 믿는 것에 대해 지나친 확신을 갖지 않고 항상 틀릴 수 있음에 문호를 열어두어야 한다. 이는 자신의 주장을 늘 가설로 간주하고 비판을 받아들여야 함을 뜻한다. 또한 가설은 얼마든지 수정할 수 있어야 한다. 따라서 과학 탐구에서는 어떤 현상을 설명하기 위해 가설을 세우고 그 가설이 현상을 설명하는지 검토의 과정을 따른다.

오늘날 한국 사회의 혼란스러움은 법칙과 가설을 구분하지 못하는 데서 비롯한다. 국민의 삶에 큰 영향을 끼칠 수 있는 정책은 가설 검증을 거치지 않은 설익은 주장이나 의견에 바탕을 두고 있어선 안 된다. 그것은 사회 전체를 대상으로 실험하는 것을 뜻하기 때문이다. 충분한 가설 검증을 거쳐 이론으로 정립

"어떤 사람이 과학적 소양을 갖춘다는 것은

과학 지식을 습득하는 것뿐 아니라

과학적 방법과 사고

그리고 태도를 갖추는 것을 말한다."

된 것에 바탕을 둔 정책이야말로 정책 효과의 극대화는 물론이고 시행착오의 가능성을 줄일 수 있다. 또한 정책 효과의 예측을 가능하게 한다.

과학은 본래 '앎'이란 뜻의 라틴어에서 유래했다. 과학은 자연 현상을 지배하는 혹은 설명할 수 있는 법칙을 알아내고자 하는 학문이다. 사회과학은 사회를 움직이는 법칙을 알아내고자 하는 학문이다. 과학 탐구는 관찰, 측정, 실험 등과 같은 실증적 연구와 아울러 논리적 추론 같은 과학적 사고를 통해 참된 지식을 얻어내려는 활동이다.

수많은 사람의 삶에 영향을 끼치는 중요한 정책일수록 실증적 연구는 물론이고 논리적 추론 과정을 충분히 거쳐야 한다. 이런 두 가지 기준에 따른 반대 측 주장을 충분히 검토하고 이를 반박하는 과정에서 가설은 점점 정교한 것으로 바뀌어간다. 우리 사회가 부족한 것이 이런 과정이다. 자원의 낭비를 막고 더 나은 사회로 나아가는 지름길은 과학적 사고를 생활화하는 것이다.

'정부 개입주의의 덫'
헤어나게 할 등불

《법, 입법 그리고 자유》
자유 사회의 기초에 관한 고전

날로 빨라지고 가벼워지는 시대에 묵직한 책을 읽어낼 수 있는 시간과 여유를 갖기는 쉽지 않다. 그래도 지적 토대를 튼튼히 하는 데 관심을 가진 사람이라면 어떤 한계를 극복하는 도전을 할 필요가 있다.

젊은 날 세계관을 정립하는 데 크게 도움을 준 작가가 자유주의 사회철학자이자 노벨경제학상 수상자인 프리드리히 A. 하이에크다. 그의 주옥같은 저서들 가운데 도전해볼 만한 책이 《법, 입법 그리고 자유》(자유기업원, 2018)이다.

그동안 세 권의 낱권으로 오랜 시간에 걸쳐 선보인 것들이

한 권으로 깔끔하게 묶여 새로 출간됐다. 무엇보다도 오늘날처럼 입법이 성행하는 시대에 이 책은 나라의 앞날에, 그리고 옳고 그름을 판단하는 데 큰 도움을 줄 수 있을 것이다. 특히 정부 개입주의와 민중주의의 영향력이 날로 드세어지는 이 시대에 이 책은 우리 사회에 미약하나마 등불 같은 역할을 할 수 있을 것이다. 특히 책의 끝에 소개된 하이에크의 〈인간 가치의 세 가지 근원〉이란 짧은 논문은 젊은 날의 나에게 반듯한 세계관의 정립이란 선물을 안겨준 기념비적인 논문이다.

이 책은 어떤 사회가 자유 사회로서 계속 번영을 누리려면 무엇이 중요한지 시민들이 무엇을 선택해야 하는지를 다루고 있다. 독자들에게는 사회를 바라보는 올바른 시각, 즉 사회과학의 진리를 예리하게 다룬 책이다. 하이에크는 서문에서 "모든 사회 제도는 용의주도한 설계의 산물이고 또 산물이어야 한다"는 가정에 바탕을 둔 '구성주의적 합리주의'가 사실로 보나 규범으로 보나 얼마나 위험하고 잘못된 것인가를 상세히 설명하고 있다.

오늘날 한국 사회에서 위력을 발휘하고 있는 정부 개입주의의 거센 파고 이면에 놓여 있는 것이 '구성주의적 합리주의'에

"'모든 사회 제도는

용의주도한 설계의 산물이고

또 산물이어야 한다'는 가정에 바탕을 둔

'구성주의적 합리주의'는 위험하다."

대한 믿음이다. 정책이나 제도를 통해 모든 사회 문제를 해결할 수 있다는 믿음으로 훈련된 정치인이나 정책가들의 지적 토대에 대한 예리한 이해와 시시비비를 확인해볼 수 있는 보석 같은 책이다.

하이에크는 구성주의적 합리주의에 대항해 자신의 사회철학을 '진화주의적 합리주의'라 부른다. 그는 궁극적으로 사회에서 논의되고 있는 제도나 정책들은 어떤 식으로 포장되든지 근원을 따져보면 두 가지 사이에 어느 하나에 바탕을 두고 있다.

오늘날 한국 사회에서 모든 문제에 대해 정책을 통한 성급한 정부 개입주의의 근거도 모두 구성주의적 합리주의에 기초하고 있다. 한국에서 나서 자란 다수의 사람은 이 같은 지적 전통이나 관습, 분위기로부터 자유롭기가 쉽지 않다. 진화주의적 합리주의에 체계적으로 노출되는 일은 정규 교육을 받고 있는 과정은 물론이고 사회생활을 하면서도 이뤄지기 쉽지 않다.

"가장 중요한 정치적 차이들은 궁극적으로 두 사상 학파 사이에 있는 일정한 기본적, 철학적 차이들에 있다"는 하이에크의 주장은 표면이 아니라 그 아래를 바라보면 볼수록 진실이다. 또한 그는 "만일 구성주의적 합리주의가 사실 면에서 그릇된 가정들에 근거하고 있음을 알 수 있다면, 과학적 사상학파들만이 아니라 정치적인 사상 학파들 전체도 또한 오류투성이임이 입증될 것이다"고 뚜렷하게 주장하고 있다.

권력자의 지적 능력에 대한 확신에서 너무 많은 정책이 쏟아져나오는 이 시대에 하이에크의 주장은 우리 사회 구성원들이 깊이 새겨들어야 한다. "이론적 분야에서 구성주의적 합리주의는 특별히 법실증주의이고 이와 연결돼 있으면서 그 오류와 생사를 같이한 무제한적인 '주권자' 권력의 필요성에 대한 믿음이다."

우리 사회에서는 더 나은 사회를 위해 이것을 해야 하고 저것을 해야 한다는 믿음이 너무 팽배해 있는데, 이런 현상의 바탕에 무엇이 있는지를 이해하는 일은 참 중요하다고 생각한다. 규칙과 질서, 사회적 정의의 환상, 자유 사회의 정치 질서라는 3부로 구성된 이 책이 독자들에게 새로운 눈을 뜨도록 도와줄 수 있을 것이다. 연령 고하를 막론하고 도전해볼 만한 최고의 지적 산물이다.

성별 차이,
없애기보다 받아들이기

《소년은 어떻게 사라지는가》
소년의 위기를 체계적으로 다룬 드문 책

남학생들의 성적 부진은 우리나라만의 현상은 아니다. 성적 부진을 두고 "평균적으로 그들은 산만하고 열심히 하지 않기 때문"이라고 주장하기에는 무리가 있다. 크리스티나 호프 소머즈의《소년은 어떻게 사라지는가》(좁쌀한알, 2019)는 남학생들의 부진을 본격적으로 다룬 책이다. 양성평등이란 전반적인 분위기 때문에 누구도 입에 올리기 힘든 주제를 정면으로 다루고 있다.

오늘날 학교들은 점점 더 감성을 중시하고 위험을 회피하는 것을 당연하게 여긴다. 이런 흐름은 여학생들에게 잘 맞을지 모

"양성평등의 거대한 물결은

건강한 남자아이들이라면 당연히 보일 수 있는

행동조차도 바람직하지 못한 것으로

간주하는 경향이 있다."

르지만 남학생들의 특성을 고려하지 않은 것이다. 학교마다 가만히, 조용히 수업을 듣는 학생들을 선호하고 그렇지 않은 학생들을 비정상으로 간주하는 경향이 있다. 저자는 이런 일들이 남학생들이 갖고 있는 구조적 특성을 고려하지 않은 잘못된 해법이라고 의문을 제기한다.

오늘날 학교에서는 휴식 시간의 비중을 낮추고, 처벌 성격을 띤 무관용 정책들을 도입하고, 성별 분리 학습에 반대하는 것을 당연하게 여긴다. 양성평등의 거대한 물결은 건강한 남자아이들이라면 당연히 보일 수 있는 행동조차 바람직하지 못한 것으로 간주하는 경향이 있다. 때로는 남학생들이 보일 수 있는 가벼운 일탈 행위에 대해서도 지나칠 정도로 가혹한 처벌이 떨어진다. 20년 동안 젠더학자들은 열정적으로 남자아이들의 남성적 성향을 버리도록 재사회화시키기 위해 노력해왔다. 남학생이든 여학생이든 달라야 할 아무런 이유가 없다는 것이 젠더학자들의 주장이다. 그러나 저자는 남학생과 여학생은 구조적으로 다른 점이 많다는 것을 강조한다.

그는 "왜 자동차 정비를 하고 건축을 하고 항공을 다루는 직업학교에는 여학생이 적은가?"라며 양성평등학자들과 자신이 다른 점을 분명히 한다. 양성평등론자들은 이런 질문에 대해 "조사 결과 여학생들이 그 교육에 참여하기를 꺼리는 것은 어린 시절부터 주입된 남성과 여성의 정형성에 뿌리를 두고 있다"라며 사회 구조적인 이유를 든다. 저자는 양성평등론자와 다른 견해를 피력한다. 남학생과 여학생 사이에 존재하는 구조적인 특성도 함께 고려해야 한다고 말한다. 이런 주장은 설득력이 있다.

남자아이들은 어른들을 자주 불편하게 만든다. 집단으로서 남자아이들은 시끄럽고, 산만하고, 툭하면 싸우고, 통제하기 힘들다. 반면 여학생들은 지시를 고분고분 따른다. 주의 깊게 들을 뿐 아니라 선생님의 눈에 이탈 행위를 보일 가능성은 현저하게 낮다. 남자아이들의 특성을 경쟁과 모험에 익숙한 남성성의 한 부분으로 이해하려는 사람들은 드물다. 저자는 부모가 되어 아이들을 키우다 보면 자연스럽게 받아들이는 진실을 말한다.

그는 "소년들은 야외에서 위계 구조가 확실한 큰 무리를 이뤄 논다. 반면 소녀들은 작은 무리로 혹은 두 명씩 짝을 지어 논다. 소녀들의 사회적 삶에는 가장 가까운 친구가 중심이 된다. 집단 내에서는 친밀감이 핵심"이라고 서술했다. 그래서 남자아이들이 갖고 있는 고유한 특성을 충분히 고려하는 교육 환경을 제공해야 하는 것이다. 이런 환경을 제공하려면 남자아이들과 여자아이들이 구조적으로 서로 다름을 받아들여야 한다. 하지만 오늘날 많은 전문가와 정책가들은 은연중에 지나치게 평등이란 기준으로 남학생들을 바라보는 경향이 강하다. 저자는 규율이 필요한 것은 사실이라고 말한다. 하지만 양성평등론자들을 중심으로 남자아이들의 타고난 본성과 전쟁을 선포하는 일이 있어서는 안 된다는 점을 강조한다.

남학생들의 부진을 극복할 수 있도록 사회가 돕는 일은 차이에 대한 존중에서 시작해야 한다. 성별 간의 차이를 없애려는 노력보다는 명확한 차이를 받아들이고 이를 긍정적으로 이해하는 노력을 해야 한다. 미국의 학계는 교육과 관련해 지나친 평등 정책이 여학생보다는 오히려 남학생들에게 큰 피해를 입혀왔음을 인식하고 그 대안을 찾고 있다고 한다. 남학생들의 부진이 뚜렷한 현상으로 드러나는 우리 사회에서도 관심을 가져야 할 주제다.

4부

역사

History

참으로 힘들었다,
조선에서의 신분 상승

《노비에서 양반으로, 그 머나먼 여정》
신분 사회에서 굴레를 벗어나려는 눈물 겨운 여정

출간한 지 몇 해 됐지만 꾸준히 읽히는 역사서를 소개한다. 저자의 집요한 탐구심이 없다면 좀처럼 세상에서 빛을 보기 힘든 책이다. 권내현 고려대학교 사학과 교수의 《노비에서 양반으로, 그 머나먼 여정》(역사비평사, 2014)이다. 과거 이야기는 이미 흘러가버린 날들의 이야기이지만 현재를 살아가는 사람에게 잠시 멈춰 자신에 대해, 우리에 대해 생각해볼 기회를 제공한다.

《노비에서 양반으로, 그 머나먼 여정》은 조선 시대 호적 대장을 통해 복원한 천민의 성장사다. 조선 시대의 노비가 200년이 넘는 세월에 걸쳐 각고의 노력 끝에 신분 상승을 이루는, 감동적인 이야기를 철저한 고증을 거쳐 재구성한 책이다. 덤으로 우리가 얻을 수 있는 것은 조선이란 나라를 왕조사가 아닌 생활사 입장에서 들여다볼 기회를 얻을 수 있다.

1717년 경상도 단성현 호적 대장에 등장하는 김흥발이란 인물이 이 책의 주인공이다. 그의 아버지 김수봉은 양반 심정량의 외거노비로, 언제부터 노비였는지는 알려지지 않았다. 김수봉은 슬하에 아들 김학, 김흥발, 김개똥이를 두었다. 우리가 조선조를 신분제 사회로 이해하는 것처럼 당시 전 인구의 30% 정도가 노비로, 노비의 노동력에 의해 굴러가는 사회였다.

노비 제도는 가혹했다. 부모 가운데 한 사람이라도 노비 출신이면 어머니의 주인에게 귀속되는 '종모법從母法'을 시행했다. 노비의 삶이 어떠했는지 상세히 알 수는 없지만, 어느 양반집이든 도망 노비가 많았던 점을 염두에 두면 삶이 고단하기 이를 데 없었을 것으로 추측할 수 있다.

조선조를 지나치게 미화하는 사람들도 있지만, 조선의 실상을 여과 없이 이해하는 데 더할 나위 없이 도움이 되는 책이다. 자신의 의지와 관계없이 조선 시대에 노비로 태어나면 두 가지 길이 있었다. 신분의 굴레를 숙명으로 받아들인 다음 각고의 노

"조선조를 지나치게 미화하는 사람들도 있지만,

조선의 실상을 여과 없이 이해하는 데

더할 나위 없이 도움이 되는 책이다."

력으로 신분 상승의 길을 도모하는 게 하나였다. 또 다른 것은 도망가는 방법이다.

저자는 양반의 길에 대해 "양반 심정량은 부모의 경제력과 후원을 바탕으로 학문에 힘쓰고 과거 급제를 통해 관료 진출을 꿈꾸는 양반들의 삶을 뒤따라갈 가능성이 컸다"고 말한다. 반면 노비의 길은 아주 달랐다. "김수봉은 신분이라는 억압을 뚫고 삶의 조건을 향상시키기 위한 노력을 처절하게 기울이든지, 아니면 노비라는 주어진 조건에 만족하며 살지를 결정해야 한다."

주인집의 토지를 경작해서 일정한 소출을 바치는 것 외에 수공업 등 다양한 방법으로 김수봉은 돈을 모았다. 그런 노력 끝에 1678년 노비였던 수봉은 1717년에 자신은 물론이고 아들들까지 모두 평민으로 신분을 상승하는 데 성공한다. 죽도록 노력해 얻은 경제력을 이용해 그는 병자호란과 임진왜란으로 국가 재정이 어려워졌을 때 기회를 노린다. 당시 곡식을 국가에 바치면 노비 신분을 면할 수 있었다. 조선 왕조 후기 최대 기근이라 불리는 '경신대기근'과 '을병대기근' 때 그는 재산을 바친 다음 먼저 노비 신분을 벗고 그다음에 또 재산을 바쳐 '통정대부'라는 공명첩을 받는다.

그러나 김수봉가※의 노고는 계속 이어진다. 양반은 군역을 면제받았지만 평민에게는 가혹한 군역을 물리는 나라가 조선이었다. "양반의 자제들은 점차 가벼운 군역을 지다가 그것마저 회피해나갔다. 따라서 조선 후기가 되면서 군역은 평민이 지는 것으로 고착되었다."

수봉의 후손들은 1759년 또 한 번의 신분 상승에 성공한다. 평민과 양반의 중간층에 주어지는 직역, 즉 '업무와 업유'라는 군역 면제자의 신분까지 도달하게 된다. 신분 상승에 대한 의지는 여기서 멈추지 않았다. 그들은 기어코 양반이 되는 길로 달려간다. 김수봉의 후손들이 양반이란 칭호를 얻은 것은 1831년에서 1867년 사이다. 김수봉으로부터 5대에서 6대에 이르러 마침내 꿈이 이뤄진다. 그러고 나서 30여 년이 흐른 뒤 신분제 폐지를 담은 갑오개혁이 발표된다. 그가 속했던 양반가의 후광도 벼슬하는 사람이 나오지 않아 퇴색하고 만다. 짧지만 울림이 있는 책이다.

스스로 선비임을 내세웠던
조선의 왕들

《조선왕조실록 1》
고려로부터 조선에 이르는 과정

　《조선왕조실록》에 바탕을 둔 작가 이덕일의 집필이 시작됐다. 이덕일의《조선왕조실록 1: 태조》(다산초당, 2018)는 역성혁명을 이뤄낸 태조의 일대기와 혁명의 의미를 풀어낸 책이다. 앞으로 이어질 총 10권의 소개글이 주목을 끌기에 충분하다.

　조선 왕조 518년 동안 모두 27명의 임금이 있었다. 평균적으로 19년 동안 재위에 있었는데 이 가운데 후대의 후한 평가를 받는 왕은 드물다. 더욱이 조선 왕조의 끝은 한국 근대사의 비극과 맞물려 있어 일반 독자들의 조선에 대한 인상이나 평가는 후하지 않다. 그러나 초기 역사는 그 어떤 왕조사와 비교해도 손색이 없을 정도로 활력이 넘쳤다.

무엇보다 조선은 왕이나 특정 기관이 독주하지 못하도록 상호 견제의 원칙을 엄격하게 집행한 사회였다. 놀라운 점은 왕에 대한 언행을 가감 없이 《조선왕조실록》에 기록하고 있다는 것이다. 작가는 조선을 두고 후한 평가를 아끼지 않는다. 작가는 "조선의 국왕은 스스로 선비임을 내세웠고, 사론을 중시했다"며 "이것이 때론 양반 사대부의 기득권 옹호나 사대주의 성리학에 대한 신봉으로 나타나는 폐단도 있었지만, 목에 칼이 들어와도 할 말은 하고 지켜야 할 것은 지키는 선비 정신이야말로 조선의 정신세계를 이끌어간 핵심이라고 할 수 있다"고 평가한다.

이 책은 고려 말엽의 혼란스러웠던 상황과 원나라와 명나라 출현의 전후 이야기를 다루고 있다. 또한 역성혁명의 권력을 쥔 태조 이성계의 활동상과 그 의미를 찬찬히 기술하고 있다. 고려 말엽의 토지 문제는 고려가 망하지 않을 수 없는 이유를 제공한다. 고려는 농민들이 국가로부터 군전을 받고 그 대가로 군복무를 하는 체제를 유지해왔는데, 군전이 소수 가문에 집중되면서 몰락의 길을 걷는다. 결국 어떤 국가의 역사를 보더라도 흥망성쇠는 표면적인 이유 그 뒷면에 실린 경제적 요인이 결정적인 역할을 하는 것을 다시 확인할 수 있다. 고려 말엽은 국내 정치에 원나라의 영향력이 아주 컸는데, 특히 원나라 공녀로 간 누이가 기황후로 등극한 기철 일가가 유명하다.

한국인들은 두만강과 압록강을 경계로 한국의 영토를 구분 짓는 데 익숙하다. 작가는 다양한 자료를 바탕으로 해서 압록강과 두만강 이북의 상당한 부분이 원나라에서 잠시 차지한 것을 제외하면 고려의 땅이었음을 주장한다. 조선 숙종 때에 와서야 비로소 중국이 이 땅을 가져간다.

고려가 가진 모순점을 해결하기 위해 치밀한 계획에 따라 조선을 건국하는 태조 이성계에게는 뛰어난 인재 정도전이 있었다. 이성계는 7년 동안(1392~1398) 왕좌를 지켰다. 왕좌에서 쫓겨난 이후 10년을 더 살다 세상을 떠났다. 자료에 의하면 이성계는 겸양이 몸에 밴 무장으로 주변 사람들의 신망을 두루두루 받았던 인물로 통한다. 이것이야말로 그로 하여금 권력의 정점에 서도록 만들었던 힘 가운데 하나로 꼽을 수 있다. 이성계의 업적 가운데 하나는 조선의 개국이고 또 다른 하나는 북벌이었다. 그는 정도전의 힘을 빌려서 토지 제도를 개혁해 민생을 안정시킨 군주였다.

"압록강과 두만강 이북의 상당한 부분이

원나라에서 잠시 차지한 것을 제외하면

고려의 땅이었다."

조선 개국 초기는 원나라로부터 주원장이 일으킨 명나라로의 권력 이동기였다. 이성계와 정도전은 두만강과 압록강 이북의 북방 영토 회복에 대한 강한 염원을 지니고 있었으며 구체적인 실행 계획이 있었다. 태종 이방원이 일으킨 왕자의 난이 이 계획을 무산시키고 만다. 학계의 엄밀한 고증이 필요한 주장이기는 하지만, 작가는 "정도전이 살아 있어서 조선군을 북상시켰다면 고구려의 기강 회복이 손쉽게 이뤄질 수 있는 상황이었다"고 안타까워한다. 당시 명나라는 제위帝位를 놓고 죽고 죽이는 내전이 계속되었기 때문이다. 조선조의 보기 드문 씩씩함을 알게 해준 책이다.

스무 살 청년이
목숨을 바칠 수밖에 없었던…

《여든아홉이 되어서야 이 이야기를 꺼냅니다》
근현대사의 격동기를 살아낸 한 젊은이 이야기

지난날을 두고 "반칙과 특권의 시대였다"고 말하는 사람들도 있지만 내 생각은 다르다. 아무것도 없는 상태에서 이 나라가 한 걸음 한 걸음 전진해서 여기까지 오게 된 것은 감동과 눈물, 노고로 만들어낸 것이다. 한국 근현대사를 들여다볼수록 "여기까지 오게 된 것이 정말 기적이었다"고 털어놓을 수밖에 없다.

한준식의 《여든아홉이 되어서야 이 이야기를 꺼냅니다》(알에이치코리아, 2019)는 이 땅에서 태어난 평범한 한 청년이 겪었던 한국전쟁 체험담이다. 구체적으로 1951년 입대 직후부터

1953년 육군보병학교로 차출되기까지의 치열한 전투의 나날을 기록하고 있다. 개인 체험담 속에서 독자들은 이 나라가 어떻게 여기까지 오게 되었는가에 대해 깊은 감동과 감사하는 마음을 느낄 것이다. 또한 우리가 조국을 어떻게 대해야 하는가를 생각해볼 수 있을 것이다.

1931년생으로 전라남도 해남에서 태어난 저자는 여든아홉 살이다. 북한에 적극 동조했던 자에게 서훈이 주어지는 시대에 그는 자신이 살았던 시대를 이렇게 증언한다. "그들이 일으킨 침략 전쟁으로 인해, 해방 이후 아직 안팎으로 혼란스럽던 우리나라는 너무나 큰 고난과 마주한다. 내 나이 고작 스무 살 때였다."

형이 입대하는 것을 보면서 그도 군에 가기로 마음먹는다. 왜 그렇게 위험한 결정을 했는가라고 묻는다면 스무 살 청년의 기억은 이렇다. "무너지는 이 나라를 구하기 위해 무엇이라도 해야 하지 않겠느냐는 말과 함께 맏형이 입대했다. 나 역시 형과 같은 비장한 마음으로 같은 해 8월 24일 입대하게 된다."

이런 민초들의 힘으로 이 나라가 여기까지 오게 되었음을 잊지 않아야 할 것이다. 그 험난한 시대를 겪었던 사람들은 하나같이 노년에 이 땅에서 전개되는 일들에 대해 걱정이 앞선다.

"무너지는 이 나라를 구하기 위해

무엇이라도 해야 하지 않겠느냐는 말과 함께

맏형과 내가 입대했다."

나이 든 분들의 노파심이라 간주해버릴 수 있을지 모르지만, 세월이 주는 지혜의 한 단면으로 해석할 수 있다. "평화가 일상이 된 지 오래다 보니, 사람들 모두 전쟁의 공포에 무뎌진 것 같다. 하지만 우리나라는 여전히 종전 선언이 이뤄지지 않은 휴전 상태이며, 지금 이 순간에도 세계 여러 나라에서는 전쟁으로 인해 많은 이가 목숨을 잃는 등 고통을 겪고 있다."

작은 부락에서도 좌우익으로 나뉘어 격한 공방을 벌였다. 집안의 남자들이 모두 섬으로 피란을 결정한 무렵, 맏형은 "남침한 공산당보다 부락민들이 더 무섭구나"라고 한탄한다.

그는 광주 제5015부대에서 백운산 토벌 작전에 투입되었고, 곧 수도사단 기갑연대로 옮겨 지리산 토벌 작전을 완수한다. 다시 금화지구로 출발해 중동부 전선 난초 고지, 독립 고지에서 치열한 전투를 벌이다 허벅지에 포탄 파편을 맞는 심한 부상을 입고 만다. 서울의 야전병원에서 응급 치료를 받은 다음 서울 제36육군병원을 거치면서 전선과 멀어진다. 1956년 11월 20일 마침내 5년이 넘는 군 생활을 마치고 생환에 성공한다.

저자는 자신이 살아남은 덕분에 기록을 남길 수 있었다고 말한다. 이 시대를 사는 사람들은 젊은 날 자신의 목숨을 바칠 수밖에 없었던 수많은 사람이 있었음을 잊지 않아야 한다. 그는 이 땅에 사는 사람들에게 "어떤 압박 속에서도 유혹에 넘어가지 말고 정신적 무장을 단단히 해 본인 스스로부터 지킬 수 있어야 한다"고 당부한다.

저자가 70세가 되었을 때 자필로 '6·25 참전 전투 기록'을 작성해둔 것을 손녀인 김나래 씨가 발견해 수정과 보완을 거쳐 세상에 빛을 보게 된 책이다. 우리 모두는 이 땅에서 한평생을 살다 간다. 빛나는 삶이든 그렇지 않은 삶이든 삶은 그 자체만으로 일회성이고 구체적이다. 이렇게 활자로 기록된 역사만이 영원한 생명을 얻을 수 있다. 저자와 그의 손녀의 노고에 깊은 감사를 드린다.

이 땅에서 36년…
애정·염려 담긴 한국 탐구서

《한국, 한국인》
영국의 눈에 비친 희한한 한국과 한국인

타자의 눈으로 우리를 바라보는 일은 중요하다. 그것은 우리를 이해하는 데 도움을 줄 뿐 아니라 지금을 잘 살아내는 데도 필요하기 때문이다. 마이클 브린의 《한국, 한국인》(실레북스, 2018)은 36년째 이 땅에 사는 전직 기자이자 홍보회사 대표의 눈으로 본 책으로, 애정과 염려가 담긴 한국 탐구서다.

타자를 통해 우리 자신을 보고, 그것을 통해 뭔가를 배우고, 고쳐나간다면 더 나은 개인과 더 나은 사회가 되지 않겠는가. 이 책에는 그가 겪은 다양한 사례를 소개해놓았다. 그 가운데는 우리가 무심코 넘겨버린 일들이 많다. 이 책에는 우리가 그

다지 감사하게 생각하지 않던 것들을 상기시켜주는 사례도 수두룩하다.

"한국인이 생각하는 국민 정서는 폭민 정치를 피하기 위해 우리에 가둬놓아야 할 짐승이다"라는 그의 고언을 깊이 새길 필요가 있지만 직접민주주의에 대한 환상을 가진 사람들 덕분에 당분간 가능한 이야기는 아니다. "한국의 민주주의가 저항과 국민 정서와의 로맨스에서 벗어나는 것을 보려면 새로운 세대를 기다려야 할지도 모른다"는 그의 지적은 옳다. 칙칙한 시기를 살아가는 우리에게 그의 미래 전망은 다소 의외다.

근대 한국의 운명을 40년 주기로 설명한다. 1905년부터 2차 세계대전이 끝나는 40년은 성서의 유대 민족이 광야를 방황했던 시기다. 이후 해방 또는 1988년까지는 근대 국가 건설을 위한 기반 조성기로, 향후 40년을 남한 경제가 선진 경제로 발전하고 민주주의 역량이 강화되는 시기다. 그 종결 시점을 2028년으로 잡지만 과연 그런 낙관적인 미래가 우리에게 펼쳐질지는 두고 볼 일이다.

"한국인에게 지도자를 신뢰하는 것은 어려운 일이다. 지도자를 선출함으로써 결국 그들을 새로운 우월적 지위에 올려놓기 때문이다." 지도자가 되기 전에는 겸손하던 사람이 일단 그 자리에 올라가기만 하면 전지전능한 사람처럼 바뀌는 것을 어떻게 이해해야 할까. 풍토와 문화가 이를 만드는가, 아니면 사람이 문제인가 헷갈릴 때가 적지 않다.

그는 한국인들에게 다소 논쟁적인 이야기도 서슴지 않는다. "한국에 거주하는 많은 외국인, 특히 자국 정부에 현기증이 나는 사태를 보고해야 하는 외교관들에게는 사라지지 않는 의문이 남아 있었다. 박근혜가 실제로 잘못한 것은 무엇인가?" 그때는 그렇다 치고 지금은 어떤가. 그는 지금도 마찬가지라 한다. "지극히 간단한 질문 같지만 그 답은 이 글을 쓰는 지금까지도 아리송하다." 그는 한국의 민주주의가 미국처럼 법에 기초했더라면 조사 과정에는 상당한 시간이 필요했을 것이며, 박근혜의 임기가 끝나는 2018년 2월까지 대통령직을 유지할 수 있었을 것으로 추정한다.

이 책이 가진 가치는 '우리'라는 전체에 함몰될 수도 있는 생각의 틀을 흔들어놓는 것이다. 상식적으로 받아들일 수 없는 것들이라 할지라도 타자의 눈에는 이렇게 보일 수 있구나 하는 각성을 주는 것만으로도 가치가 있다. 한국인의 위대한 성취에

"한국인이 생각하는 국민 정서는

폭민 정치를 피하기 위해

우리에 가둬놓아야 할 짐승이다."

대해서도 그는 타자의 시각을 여지없이 드러낸다. "한국인을 폄하할 의도는 없지만, 한국의 부상은 또한 미국의 성공 스토리로도 볼 수 있다." 이런 주장에 다소 언짢아할 사람도 있겠지만 그의 이야기는 계속 이어진다. "한국의 성장에 미국이 시동을 건 것은 아니지만 미국은 성장을 가능하게 한 안보 우산을 지속적으로 제공했다. 또한 자국의 부와 자유를 통해 한국이 추구해야 할 미래를 보여주었다."

기자 시절 그는 북한 담당이었다. 북한에 대한 그의 이해는 깊은데, 우리가 잊고 있는 사실도 상기시켜준다. "북측은 최소한 네 번에 걸쳐 남한의 대통령을 살해하려는 시도를 했다." 한국인이 아무렇지도 않게 행하는 특성을 두고 "밖에 있는 사람들은 '아무도' 아니며 그들에게는 어떤 의무감도 존재하지 않는다"라고 말한다.

우리와 나를 이해하는 데 타자의 시선은 큰 도움이 될 것이다.

인류는 무역과 함께
발전했다

《무역의 세계사》
무역사의 새로운 지평을 열다

한국 현대사를 칙칙하게 그리는 사람들도 있지만, 산업화 과정은 보기 드물 정도로 역동적이었다. 가진 것이 거의 없는 나라에서 무역을 통해 나라를 일으키는 과정은 극적이란 표현을 사용해도 지나치지 않다. 앞으로도 이 나라의 번영은 무역에 대한 굳센 믿음을 갖고 무역 환경을 얼마나 잘 개선해나가는가에 좌우될 것이다. 반대로 위기가 발생한다면 그 또한 무역에서의 이상 현상으로부터 시작될 것으로 본다.

윌리엄 번스타인의 《무역의 세계사》(라이팅하우스, 2019)는 무역의 긴 역사를 심층적으로 다룬 책이다. 이 책은 두 가지 개념이 축으로 쓰였다. 하나는 식량, 피난처, 교제처럼 무역은 인간의 거부할 수 없는 본능이라는 점이다. 다른 하나는 무역에 참여하려는 욕구가 인류의 행보에 큰 영향을 끼쳤다는 것이다.

오늘날의 세계화는 특별한 현상이 아니라 인류 역사 전편에서 오랜 기간에 걸쳐 서서히 진행해온 과정으로 이해할 수 있다. 저자는 세계화의 긴 과정을 탐구하기 위해 메소포타미아의 초기 교역부터 세계화를 둘러싼 논쟁까지 모두 14개의 장에서 무역의 전개 과정을 파헤치고 있다.

무역사에서 경쟁력은 늘 무역의 중심적인 주제를 차지해왔다. 무역에서 지속적으로 이윤을 남기는 국가는 번영의 길로 갔지만 반대로 구조적인 적자를 경험한 나라는 쇠락의 길로 달려왔다. 또한 무역에 대한 열망을 가진 사람이 많고 무역을 촉진한 나라는 대부분 번영의 길로 질주했다.

중국은 자급자족할 수 있는 여력이 있은 덕분에 18세기에 교역이란 개념 자체가 아예 없었다. 1717년 광둥에서 영국의 존재에 대해 중국의 강희제는 이런 경고를 한 바 있다. "앞으로 수백 년 혹은 1,000년 동안 중국이 서양과의 갈등 속에서 위험에 처하지 않을까 근심하는 데는 이유가 있다." 그의 예언대로 중

"생산 요소 가격이 경쟁국에 비해

급등하지 않도록 잘 관리하는 것이

무역전쟁에서 승리하는 지름길이다."

국은 교역 대국 영국에 굴욕을 당하고 만다.

1830년 영국 동인도회사의 중국 무역 독점권을 폐지하는 전후 과정에서 사무역 상인들이 월등히 뛰어난 성과를 올리는 것을 볼 수 있다. 또 오랫동안 영국에서 시행해온 곡물법이란 보호주의도 결국은 다수의 희생을 바탕으로 토지 귀족들의 이익을 보호하는 조치임을 알 수 있다.

1846년 곡물법 폐지에 기여한 리처드 코브던은 믿기 힘들 정도의 예지력을 갖춘 인물이었다. 33세가 되던 1837년에 미국을 여행하고 돌아온 다음 그는 다음과 같은 결론을 내린다. "지식의 힘이라면, 그리고 교육으로 지식을 얻는다면 미국인은 분명 세계에서 가장 강한 사람이 될 것이다. 또 영국이 번성하려면 제품을 다른 나라보다 싸게 판매하는 수밖에 없음을 깨달았다." 그는 곡물법으로 영국의 노동자가 과도한 비용을 지불해야 한다면 자연히 영국은 경쟁에서 뒤처지고 말 것이라는 결론을 얻는다.

"최저 임금을 올려서 성장을 할 수 있다"는 식의 납득하기 어려운 주장이 범람하는 시대지만 경제 원리는 변함이 없다. "싸게 잘 만들어야 세계 시장에서 팔릴 수 있다"는 것은 불변의 진리다. 이를 위해서는 생산 요소 가격이 경쟁국에 비해 급등하지 않도록 잘 관리하는 것이 무역전쟁에서 승리하는 지름길이라 할 수 있다. 생산성을 벗어나는 임금 인상이 결국 무역에서 패배라는 결과를 낳는다. 19세기 초까지만 하더라도 영국은 구리 광산 분야에서 압도적인 경쟁력을 유지한다. 그러나 광물이 바닥나면서 많은 광부가 신세계로 이동하고 그렇게 이동한 사람들이 단시간 내에 미국의 제련 기술을 세계적인 수준으로 끌어올린다.

오늘날 특정 국가가 첨단 분야에서 앞서가더라도 경쟁국의 전문 인력 유치에 따른 시간 격차 줄이기가 얼마나 빠르게 진행될 수 있는지를 생각하게 하는 사례다. 관세 같은 보호 조치로 살아남은 산업은 없었다는 것이 무역사가 가르쳐주는 교훈이다. 무역과 경제 성장의 역사에 관심이 있는 사람들이 도전해볼 만한 윌리엄 번스타인의 대작이다.

영어는 원래 영국 토착어가 아니었다

《영어의 힘》
세상을 바꾼 흥미진진한 영어의 성장 역사

영어가 원래 영국 사람들의 것이 아니었던가. 원래 영어는 영국 토착어가 아니었다. 로마가 영국 땅을 떠난 이후 로마 제국의 남겨진 폐허를 지키기 위한 용병들이 갖고 들어온 언어다. 그 용병들은 영국과 바다를 사이에 두고 살았던 북부 유럽의 게르만족이었다. 영어의 흥미진진한 성장사를 다룬 책이 멜빈 브래그의 《영어의 힘》(사이, 2019)이다.

이 책은 저자가 BBC라디오 방송에서 〈영어의 여정〉이란 이름으로 만든 25부작에 바탕을 두고 있다. 따라서 이 책은 5세기부터 지금까지 영어가 어떤 과정을 통해서 어떤 성장 단계를 밟아온 것인가를 다룬다.

 게르만족이 건너올 당시인 기원전 6세기 무렵 영국에는 유럽 북부에서 켈트족이 침입해 영국에 정착하고 있었고, 이들을 브리튼족이라 부른다. 통상 영국의 원주민은 이들을 말한다. 게르만족이 영어를 들고 영국 땅을 밟았을 때 영국에는 앵글족, 색슨족, 주트족 등 최초의 부족들이 쓰던 지역 언어가 있었고 이 가운데 어느 언어가 우세할지는 아무도 알 수 없었다. 당시 켈트어가 다소 우세한 위치를 차지하고 있었다. 켈트어는 기원전 55년 카이사르_시저_의 영국 지배로부터 로마군이 449년까지 머무른 까닭에 라틴어의 잔재가 강하게 남아 있었다.

 영어가 두각을 나타내는 데는 200~300년이 걸렸으며 특히 영어의 강력한 경쟁력은 교활함 즉, 먹성이었다. 주변 언어를 무자비하게 흡수해서 자기 것으로 만드는 데 영어는 특별한 재주가 있었다. 오늘날 영어를 사용하는 사람들이 흔하게 쓰는 단어는 100개쯤 되는데 대부분 고대 영어에 뿌리를 두고 있다. 이 목록 가운데 예외는 스칸디나비아어에서 온 세 단어_they, their, them_와 프랑스에서 온 한 단어_number_ 뿐이다.

 영어가 차용한 언어에는 어떤 것이 있을까. 기독교가 영국에

전해졌고 아울러 교회에서 사용하던 라틴어와 라틴어 속에 들어 있는 그리스어를 영어는 받아들인다. 엔젤, 미사, 비숍, 몽크 등과 같은 단어들이 이런 부류에 속한다.

교회가 영어에 기여한 바는 문자를 채택토록 한 것이다. 부유한 주교들은 로마에 가서 그림과 책, 성인들의 유물을 갖고 왔는데 이때 함께 들어온 것이 로마의 알파벳이다. "문자만이 언어를 보호할 수 있다. 문자는 후손들에게 그들이 필요로 하는 해결책을 준다. 모든 경계선을 넘을 수 있게도 해준다." 이처럼 로마자 알파벳은 고대 영어의 알파벳의 기초가 되고, 문자로 표시되기 시작한 영어는 성장의 날개를 단다.

영어는 바이킹족의 침략을 견뎌냈고 프랑스 침입도 이겨냈다. 설령 권력을 지배층이 가졌을지 모르지만 영어는 오히려 침입자들의 언어를 차용해 풍성함을 더해갔다. 특히 영어에 굵직한 족적을 남긴 언어는 프랑스어다. 1066년 프랑스 노르망디공국의 듀크 윌리엄에 의해 잉글랜드가 정복되면서 지배층은 프랑스어를 쓰고, 하층민은 영어를 쓴다. 프랑스어는 마치 영어를 없애버릴 것 같은 권력을 쥐지만 결국 영어는 살아남는다.

영어라는 언어의 발전에는 작가 제프리 초서와 셰익스피어

"영어의 가치는

6,172조 원에 달한다고 한다.

그다음으로 2,745조 원의 독일어와

1,845조 원의 일본어가 뒤를 따른다."

가 큰 기여를 했다. 이들보다 훨씬 더 큰 기여를 한 인물은 목숨을 걸고 라틴어 성경을 영어로 번역한 존 위클리프였다.

오늘날 영어의 종주국은 미국이다. 원주민 영어, 흑인 영어, 서부 영어 등이 어우러지면서 미국 영어의 힘은 날로 강해지고 있다. 저자의 추계치에 의하면, 영어의 가치는 6,172조 원에 달한다고 한다. 그다음으로 2,745조 원의 독일어와 1,845조 원의 일본어가 뒤를 따른다. 사용자가 많음에도 불구하고 중국어는 647조 원에 지나지 않는다. 모국어와 제2외국어를 포함해서 영어 사용자 수는 최대 15억 명에 달한다. 영어의 역사를 아는 일은 언어에 대한 깊이와 흥미를 더하는 데 도움을 줄 것이다. 18개의 장은 연대기 순으로 구성돼 있어 독자들은 영어가 차용한 언어나 특별한 역사를 차근차근 확인할 수 있다. 작가의 유려한 필력이 돋보이는 책이다.

미중 무역전쟁을 보며 떠오른
'문화혁명'

《홍위병》
문화혁명의 광기를 다룬 자전적 소설

　　미중 무역전쟁을 바라보면서 여러 생각이 떠오른다. 1978년 개혁개방정책을 도입한 이후 중국은 눈부신 발전을 거듭해왔다. 하지만 정치적으로는 여전히 일당 지배 체제이고 국민들에 겐 자신의 손으로 지도자를 선출할 자격이 주어지지 않는다. 중국의 외형은 자본주의 체제에 바탕을 둔 자유 국가의 모습을 갖추고 있지만, 안을 들여다보면 전체주의 체제의 짙은 그림자 가 드리우고 있음을 알 수 있다. 더욱이 오늘날은 사람들을 감 시·감독할 수 있는 기술이 크게 발달한 상태여서 중국 공산당 의 지배 체제는 더욱 공고한 것으로 보인다.

미국과 중국 사이의 대결 구도는 단순히 무역과 관련된 사안만으로 보이지 않는다. 다른 한편으로 그것은 가치의 충돌이다. 중국 공산당의 뿌리와 지배층의 정신 구조를 이해하는 데 도움을 줄 수 있는 책을 한 권 소개하려 한다. 오래전에 나온 《홍위병》(황소자리, 2004)을 독자들이 쉽게 구할 수 있을지는 모르겠다. 나는 오래전에 읽었지만 지금도 자주 들춰보는 책이다. 그만큼 중국 전체주의 핵심을 잘 담아냈다.

저자 션판은 1954년 베이징 다위안에서 출생한 인물로 1984년 11월, 30세가 되던 해에 미국으로 유학을 떠난다. 학위를 마친 후 지금은 로체스터커뮤니티기술대학 영어학과 교수로 재직 중이다. 션판의 《홍위병》은 한 인물의 눈에 비친 문화혁명을 그렸다. 저자는 열두 살이던 1966년 '만리장성 투쟁조'라는 홍위병 조직을 만들어 활동했을 뿐 아니라 1969년부터 1972년까지 마오쩌둥으로부터 샨시의 시골 마을로 하방돼 농부의 삶을 살기도 했다. 그러니 이 책은 직접 경험해보지 않고서는 쓸 수 없는 논픽션에 가까운 자전적인 글이다. 책의 주인공은 '나'라는 일인칭으로, 저자 자신이 보고 겪었던 일을 증언하는 형식으로 꾸몄다.

"이 책은 어떤 사회가

집단의 광기가 발동하기 시작하면

얼마나 참담한 상황까지 갈 수 있는가를

생생하게 그리고 있다."

《홍위병》은 전체주의 체제에서 인간이 어떤 모습으로 변모하는지를 잘 그리고 있다. 자유를 당연하게 여기는 시대가 되었지만, 그 자유의 기초는 취약하기 짝이 없다. 과거에는 전체주의가 특정 권력자에 의해 추동되었다면 이제는 간교한 계략에 따라 조종되는 대중에 의해 추진될 수 있다.

어떤 사회가 집단의 광기가 발동하기 시작하면 얼마나 참담한 상황까지 갈 수 있는가를 이 책은 생생하게 그리고 있다. 저자는 자신이 그 와중에 얼마나 무리한 일을 했는가를 이렇게 기록했다. "당시 나는 적에 대한 행동은 그 어떤 것도 잔인하지 않다는 가르침을 그대로 따랐지만 돌이켜보면 스스로 경악을 금할 수 없다. 이는 내 일생에 영원히 치유되지 않을 상처로 남을 것이다."

독자로서 이 책을 오래오래 기억하는 것은 한 인물에 관한 이야기이기 때문이다. 그 인물은 미국에서 의사로 활동하다가 공산주의 혁명이 완료된 공산 국가 조국에 봉사하기 위해 귀국했다. 하지만 문화혁명의 광기로부터 벗어날 수 없었다. 베이징 대학 병원 외과 의사였던 그는 무참하게 홍위병들에게 죽임을 당한다. 이후 세 모녀의 삶은 형언하기 어려운 지경에 도달한다.

이 집안의 맏딸인 리링과 저자는 훗날 서로 좋아하는 사이가 되지만, 함께 미국으로 향하지 못한다. 폐결핵이 그녀의 생명을 단축시켰기 때문이다.

책에는 공산당과 관련된 이야기가 자주 등장한다. 지금은 상황이 조금 나아졌겠지만 8,000만 명의 당원이 소속된 중국 공산당을 저자는 이렇게 그린다. "나는 항상 당의 명령이 곧 황제의 포고와 같다는 점을 기억했다. 어떤 상황에서도 당을 비난해서는 안 됐다."

미중 경제 전쟁이 진행되면서 중국 사회가 한 방향으로 향한다는 인상을 지울 수 없다. 관제 언론하에서 사회가 나아가야 할 합리적 방향에 대한 논의보다는 민족주의적 성향이 사회의 방향을 결정한다는 것을 알 수 있다. 과거의 경험을 통해 현재의 중국을 이해하는 데 도움을 받을 수 있는 책이다.

5부

삶과 행복

Life & Happiness

새해 다짐,
'인생 결정 목록'을 작성하라

《인생은 수리가 됩니다》
인생 전략가로부터 배우는 인생 전략

새해를 열면서 인생 전략가로부터 한 수 배워보면 어떨까? 미국의 인생 전략가이자 법 심리학자인 필립 C. 맥그로가 집필한 《인생은 수리가 됩니다》(청림출판, 2018)는 인생의 법칙을 정리한 책이다. 그는 정신과 의사 출신으로 〈닥터 필 쇼〉라는 TV 프로그램으로 인기를 끌었던 인물이다. 이 책은 그가 인생 문제의 해결책을 찾는 데 도움을 준 수많은 사람의 해법 찾기에 대한 경험과 지식이 고스란히 녹아 있다.

"인생은 수리가 가능하고, 관리도 가능하고, 재정비도 가능하다. 인생 법칙을 배워 인생 전략을 세울 굳은 의지와 순수한 마음만 있다면 말이다."

책의 전반부에는 인생 법칙 열 가지를, 후반부에는 '인생 수리 매뉴얼'을 3개의 장에 걸쳐 소개하고 있다. 말미에는 이 책이 다룬 '인생을 수리해주는 과제목록 18'을 일목요연하게 정리해 놓았다. 인생을 제대로 관리하지 못하는 사람들에게서 흔하게 발견할 수 있는 질병은 '현실 부정'이다. 어떤 사람은 아예 상황을 인식하지 못하지만 또 어떤 사람은 상황에 맞서기 싫어 애써 외면하기 때문에 현실 부정이란 질병을 앓는다. 책을 펼치면 저자가 한 첫 번째 조언인 "우선 현실을 인정해야 뭐든 된다"가 나온다. 일찍이 마크 트웨인도 "우리는 자신에 대해 고민할 때면 현실을 외면하는 버릇이 있다"고 지적한 바 있다.

그가 말하는 인생 법칙 열 가지다.

- 한 사람에게 일어나는 모든 일은 그 사람이 만든 것이다
- 인정하지 않으면 변화할 수 없다
- 인간의 본성을 연구하면 경쟁 우위를 갖춘다
- 사람은 보상이 따르는 행동만을 한다
- 결심하면 즉시 실행한다

- 세상을 바라보는 관점은 선택 가능하다
- 인생은 단번에 해결하는 것이 아니라 꾸준히 관리하는 것이다
- 내 행동이 나에 대한 타인의 반응을 결정한다
- 상대방을 용서하면 내가 회복한다
- 구체적으로 원해야만 얻을 수 있다

저자는 각 법칙에 어울리는 흥미 있는 사례를 들고 쉬운 문장으로 독자들의 이해를 돕는다. 사는 일이 복잡하기 이를 데 없는데 어떻게 인생 전략이 가능하냐고 묻고 싶은 사람도 있을 것이다. 저자는 "전략적인 삶은 과학적 지식에 토대를 둔다. 지금처럼 복잡한 세상에서 인생 전략을 모른다는 것은 글을 못 읽는 것과 다름없다"며 이 책에서 자신이 그동안 만났던 고객들에게 스스로 인생 전략을 세울 수 있도록 도왔다고 말한다. 그 방법대로 이 책을 썼음을 밝히고 있다.

인간은 누구나 자신에게 익숙지 않은 것이라면 일단은 거부하고 본다. 그러나 기계적으로 해오던 것에 대해 반성하고 새로운 것을 시도하고 실험하려는 작은 걸음에서 모든 기회가 생긴

"인생은 수리가 가능하고,

관리도 가능하고,

재정비도 가능하다."

다. 기꺼이 잘못된 상황을 인정하고 그것에 대해 책임감을 느끼는 일에는 비용이 들지 않지만, 이런 간단한 법칙을 수용하지 않아서 삶이 더욱더 꼬이게 된다. 문제를 알면서도, 해법을 알면서도 미적거리는 사람에게 저자는 "시간은 무자비하다. 시간은 재생 불가능한 자원이다. 당신이 목적 달성을 위해 시간을 쓰지 않는다면, 한번 허비한 시간은 절대 되돌릴 수 없다"고 경고한다.

'인생 결정'이란 용어를 들어보았는가. '살면서 절대로 타인의 것에 손을 대지 않겠다'는 결정 같은 것이 인생 결정의 사례에 속한다. 인생 결정이 없다면 우리는 일상의 모든 사안에 대해 자주 고민하거나 멈춰 서야 한다. 저자는 언제 어디서나 무엇을 지킬 것인지를 두고 '인생 결정 목록'을 작성하라고 권한다. 새해를 열면서 백지 위에 저자의 조언대로 '인생 결정 목록'을 번호를 매겨가면서 문장으로 나열하듯 정리해보면 어떨까.

실용서의 값어치가 빛나는 경우는 작은 정보에 민감하게 반응하는 것이다. 작은 것이라도 읽고 실천해보면 크게 도움이 될 것이다. 한 해가 시작되는 시점에 자신을 돌아보고 한 단계 도약할 수 있는 구체적인 방법을 제공하는 책이다.

우리 아이는
일꾼일까 놀이꾼일까

《칙센트미하이의 몰입과 진로》
인간의 몰입은 어떻게 발전하는가

    한 사람의 성공과 행복에 몰입과 집중은 중요한 역할을 수행한다. 심리학자인 미하이 칙센트미하이 교수는 몰입 분야에서 단연 손에 꼽히는 인물이다. 몰입 분야의 연구를 개척한 학자이기 때문이다. 《칙센트미하이의 몰입과 진로》(해냄, 2018)는 청소년의 진로 지도와 관련된 몰입 연구서다. 수차례에 걸친 실태 조사 결과에 의거해 몰입에 관한 다양한 가설의 검증과 발견을 정리한 책이다. 청소년은 물론 일반인까지 몰입에 관한 지식과 실천법에 관심을 가진 사람들에게 큰 도움을 줄 수 있다.

    저자에 의하면 일에 대한 기본적인 시각은 청소년기부터 자리 잡는다. 그의 표현에 따르면 '일꾼'과 '놀이꾼'이다. 일꾼은 일 같은 활동을 하면서 대부분의 시간을 보내는 학생이고, 놀이꾼은 아주 많은 시간을 놀이로 보내는 학생이다. 일꾼은 놀이꾼보다 일 같은 활동을 하면서 훨씬 긍정적인 경험을 하는 데 반해 놀이꾼은 일꾼보다 일을 괴롭게 받아들이는 경향이 강하다. 일꾼은 놀이꾼에 비해 일을 좋아하는 것은 당연하지만 또 한 가지의 특별한 사실이 있다. 일꾼들은 놀이에 가까운 활동을 할 때도 긍정적인 경험을 더 자주 한다는 것이다.

일꾼의 입에서는 내적 보장이나 호기심 같은 단어들이 자주 나오지만 놀이꾼의 입에서는 그런 이야기가 나오지 않는다. 중요한 사실은 일꾼은 일에 전념하는 빈도가 높은 반면 놀이꾼은 일은 줄이고 재미를 극대화하는 쪽에 초점을 맞춘다. 일꾼은 시간 낭비를 싫어하고, 좋은 직업을 갖고 생산적이고 독립적으로 바쁘게 살아가는 것을 좋아한다. 그러나 놀이꾼은 틀에 박힌 생활에 진저리를 친다. 이는 성인들의 삶에서 발견하는 것과 유사하며, 일꾼과 놀이꾼의 뿌리가 오래된 것임을 확인할 수 있다.

저자가 발견한 또 한 가지 특징은 몰입을 경험할 수 있는 능력은 모든 사람이 갖고 있지만 몰입 경험의 빈도와 강도는 사람

"일에 대한 기본적인 시각은

청소년기부터 자리 잡는다.

'일꾼'과 '놀이꾼'이다."

마다 뚜렷한 차이를 보인다. 몰입 능력이 강한 사람은 자기 목적성을 중시하고 외부적 보상보다는 활동 자체가 가진 의미와 중요성을 찾아내는 경향이 있다. 청소년 가운데 어린 시절의 경험과 사회적 환경으로 말미암아 운동이나 오락 같은 여가 활동이 아닌 다른 활동에서도 즐거움을 맛볼 기회를 놓친 사람들이 많다. 저자는 청소년기부터 생산적 활동을 하면서 몰입을 경험할 기회를 갖는 것이 매우 중요하다는 점을 강조한다.

저자의 연구에는 의외의 결과도 있다. 이 결과는 저자도 다소 놀라움이었다고 말하는데 그것은 초등학교 6학년을 전후해 아이들의 머리에는 일은 이런 것이고, 놀이는 이런 것이라는 이미지가 어느 정도 자리 잡게 된다는 사실이다. 인생의 초년부터 여가 활동 외에 생산적인 활동에서 몰입 경험을 갖는 일이 중요한 이유다.

저자는 청소년이 어떤 활동에 푹 빠져들어 시간 감각을 잊고 일과 혼연일체가 되는 상태를 몰입이라고 부른다. 연구가 밝혀주는 것은 몰입 경험을 외부적 보상만으로는 얻기가 힘들다는 사실이다. 이런 점에서 자기 목적성을 찾아내는 것은 몰입에 이르는 지름길이라고 할 수 있다. 권태와 타성을 멀리하고 부지

런함과 즐거움을 자신의 것으로 채택하기 시작한 학생이라면, 일을 즐기는 요령도 자신의 것으로 만들 수 있다.

《칙센트미하이의 몰입과 진로》는 청소년을 대상으로 행해진 몰입에 관한 연구서이지만 이 책의 메시지는 모든 사람에게 적용할 수 있는 결과들이다. 인생 전반에 대해 호기심과 흥미를 잃지 않는 방법, 자신에 대한 이해에 관심을 가진 사람들에게 권하고 싶다.

익숙한 것이 정답이
아닐 수 있다

《삶을 읽는 사고》
한 분야에서 일가를 이룬 인물의 자전적 글

    한 분야에서 일가를 이룬 인물들의 자전적 글에는 수확할 것이 많다. 일본 상업 그래픽 디자인계 제일선에서 활약 중인 사토 다쿠佐藤卓가 쓴 책 《삶을 읽는 사고》(안그라픽스, 2018)도 그중 하나다. 1955년생인 사토는 그래픽 디자이너이지만 자신의 분야에 머물지 않고 닛카위스키 퓨어몰트, 롯데 자일리톨 껌 디자인을 비롯한 실험적인 기획 등 새로운 영역을 끊임없이 개척해온 인물이다. 그는 이 책에서 자신의 작업과 인생을 통해 깨우친 것들을 담담하게 펼치고 있다.

    《삶을 읽는 사고》에는 저자의 철학, 일하는 방법과 태도 등

"나는 이건 아니라는 생각이 들면

그림 그리는 방식을

즉시 바꾸어버린다."

이 고스란히 담겨 있다. 중간중간 건져낼 만한 의미 있는 문장들이 풍성한 것이 이 책의 강점이다. 또 디자인 분야, 상품 브랜드 기획, 기획 전시 경험담에서는 새로운 경험을 접할 수 있다. 이런 책들을 읽다 보면 겉으로 드러나지 않는 일본 사회의 탄탄한 면모를 확인할 수 있다. 독자적 철학을 갖고 매진하는 전문가들의 기백을 곳곳에서 체험할 수 있으며, 이런 경험담이 독자에게 큰 힘을 줄 것이다.

사토는 "나는 이건 아니라는 생각이 들면 그림 그리는 방식을 즉시 바꾸어버린다"며 "따라서 다음 작품은 전혀 다른 방식으로 그린다. 기법에 얽매이는 것 없이 태연하게 말이다"라고 서술한다. 사토의 살아가는 방식이자 일하는 방식이다. "자기표현에 대한 집착이 전혀 없다"는 그의 고백은 그가 깨우친 방식이지만 이 시대를 사는 직업인에게 던지는 화두는 묵직하다. 당신이 익숙한 것이 정답이 아닐 수도 있다는 도전이다.

기업의 신상품 출시는 기존의 것들을 바꾸고 리스크를 안고 행하는 도전이다. 신상품은 뭔가 특별한 것이 있어야 한다. 하지만 작가는 "'뭐, 이런 느낌이면 되지 않을까?'가 아니라 '반드시 이런 느낌이어야 해'라는 생각으로 만들어야 한다"고 지적한다.

이 정도에서 그쳤다면 작가의 말에 동감한다는 정도로 고개를 끄덕이고 말았을 것이다. 작가는 "모든 일을 그렇게 처리해야 한다"는 짧은 문장을 더한다. 일가를 이룬 인물의 성공 비결을 확인할 수 있는 짧고 단호한 문장을 독자들은 놓쳐선 안 된다.

그의 경력에 영광을 가져다준 것은 닛카위스키 퓨어몰트 상품 디자인이다. 상품을 철저하게 파헤쳐 획기적인 기획을 내놓아 직업인의 태도가 어떠해야 하는가를 보여주는 모범 사례다. "젊은 세대가 선호하는 상품을 만들려면 기성세대의 고루한 가치관만으로는 부족하다는 인식을 부여하고 싶었다"라는 작가의 말은 일단 해야 하는 일을 어떻게 대해야 하는가를 가르쳐준다.

한편 소성_{부드러움의 한 가지 형태}적 사고는 그의 인생을 관통하는 핵심 키워드다. 사람들은 일관되게 살아가는 삶, 즉 외부 환경에 굴하지 않고 자신의 방식을 회복하는 탄성적 사고를 좋은 것으로 여긴다. 하지만 그는 무엇을 생각하든 이미 생각하고 있는 자신이 존재하므로 '자신'은 전혀 신경 쓸 필요가 없으며, 그때마다 주어진 환경에 적절하게 대응하는 '자신'을 있는 그대로 인정하는 태도가 바람직하다는 정반대의 주장을 펼친다.

"자신의 기호대로 세상이 돌아가지 않는다"는 사실을 반복적으로 강조하는 그의 주장에 현명한 세상 사는 법의 진수를 확인할 수 있다. 늘 아이디어를 구하는 그는 어떤 생각을 하고 있을까. 아이디어는 철저하게 개인적이고 주관적인 방식으로 떠오른다는 것이 그의 믿음이다. "아이디어는 여러 사람이 모여 앉아 논의를 거듭한다고 떠오르는 게 아니다."

자신의 경험담을 풀어놓은 책은 자화자찬으로 흐를 수 있다. 하지만 이 책은 찬찬히 읽다 보면 자신의 삶과 작업 방식을 재평가해볼 수 있다.

일에 대한
영감을 얻는 방법

《좋아하는 일을 하고 있다면》
창조하는 사람의 입장에서 본 일과 인생

북디자이너이자 일러스트레이터의 일과 창조에 관한 이야기를 엿볼 수 있는 책이 나왔다. 작가로서 책이 나올 때마다 북디자이너의 창의성에 감탄할 때가 많다. '어떻게 이런 콘셉트와 아이디어를 잡을 수 있었을까' 하고 놀랄 때가 있다. 사실 우리가 어떤 일을 하든 창의적인 인물로 자신을 만들어가는 일은 무척 중요하다.

바로 이런 놀라움을 선사한 책 중 하나가 일본의 대표 북디자이너인 요리후지 분페이寄藤文平가 쓴 《좋아하는 일을 하고 있다면》(안그라픽스, 2018)이다. 저자가 학창 시절 데생을 배우기 시작하던 때부터 아트디렉터로서 활동하는 지금까지의 소소한 일상과 일에 대해 정리한 책이다. '인생 항해 일지'라고 이름 붙여도 좋은 책이다. 원래 제목은 '디자이너의 일'인데 그는 이렇게 설명한다. "이 책은 그동안 얻은 경험을 말하고 생각을 옮기는 형식으로 정리했다."

주말이나 퇴근 이후에 나만의 공간에서 긴장을 풀고 상상의 나래를 펴면서 읽어볼 만한 책이다. 디자인을 시작하다, 디자이너의 작업, 아이디어에서 형태로, 북 디자인에 관해, 지속의 기술 등 소주제들이 이 책이 담고 있는 내용을 인도해줄 것이다.

책의 어디선가 공감할 수 있는 혹은 도움이 될 수 있는 몇 문장을 건지는 것만으로도 횡재한 기분이 든다. 창의성에 관한 글에서 저자는 "아이디어를 구상할 때 갑자기 생각해야 할 것과 상관없는 아이디어가 떠오를 때가 많다"고 말한다. 그렇게 일단 떠오른 아이디어는 줄을 잇게 되는데 과정을 이렇게 묘사한다. "그 아이디어가 정리되기도 전에 머릿속에서 이야기가 펼쳐지고 서로 연관이 없던 것들이 연결돼 마치 연상 게임처럼 화제나 논리가 사라지기도 한다."

책의 말미에는 젊은이들에게 당부하고 싶은 이야기가 실려

"불안은 사라지지 않는다.

그렇게 생각하는 편이 좋다."

있다. 격변의 시대에 안정은 사라지고 불안으로 가득 찬 시대를 어떻게 살아가야 할 것인가. 늘 뭔가를 새롭게 만들어야 하는 사람으로서 저자는 불안을 에너지로 삼을 것을 주문한다. "디자인을 포함해 어떤 것을 창조하는 일은 그 사람이 안고 있는 커다란 불안을 원동력으로 한다."

어떤 일을 성취하면 불안은 가시지만 그것 또한 일시적인 현상일 뿐이다. 늘 뭔가를 해야 하는 사람이라면 일상적으로 불안이 뒤따를 수밖에 없다. 저자는 불안을 바라보는 시각에 대해 "불안은 사라지지 않는다. 그렇게 생각하는 편이 좋다"고 한다.

시각적 이미지가 강조되는 시대이지만 창조에 관한 저자의 시각은 독특할 뿐 아니라 다수의 믿음과 다르다. 책에 나오는 두 문장은 창조에 관심이 있는 사람들에게 귀한 훈수다. "무언가를 만든다면 왜 그걸 하는지 언어로 쌓아야 모노즈쿠리_{物作り:}혼신의 힘을 다해 최고의 물건 만들기를 지속할 수 있다." "디자이너가 감각만으로 디자인하는 시대는 곧 끝난다." 이 같은 주장들은 "나는 독서하며 일에 대한 영감을 얻는다"는 문장과 만난다.

누구에게나 일과 관련된 슬럼프가 찾아오지만 창조하는 사람에게는 더욱더 심각한 일일 것이다. 자기 실력을 발휘하지 못하는 슬럼프를 저자는 예측 불가능한 랜덤 신호로 받아들인다. 이 상태를 벗어나려고 발버둥을 치기보다는 "내가 생각할 수 있는 선에서 가장 안정된 방법으로 일을 진행한다"고 말한다. 계속해서 나아간다는 생각으로 임하면서 슬럼프를 벗어나지 못한 경우는 없었다고 한다.

'계속하면서 발상을 기다린다'는 지혜는 생활인으로서도 유용한 지침이 될 수 있다. 저자는 책에서 반복적으로 기다림의 미학에 대해 이야기한다. 일면 타당하지만 창조를 재촉하는 나름의 방법을 몇 가지 갖고 있으면 더 낫지 않을까 하는 생각을 해본다.

인간관계는 결국
자신과의 관계

《선 긋기의 기술》
어떻게 하면 멋진 관계를 맺을 수 있을까

'인간관계를 지혜롭게 이끌도록 돕는 책.' 와키 교코가 쓴 《선 긋기의 기술》(알에이치코리아, 2018)은 직장 내 혹은 가족 내 인간관계로 고민하는 사람들에게 도움을 줄 것이다. 저자는 도쿄대학교 경제학부를 졸업한 이후 여러 곳에서 직장 생활을 하면서 인간관계에서 어려움을 겪었던 사람이다. 주변의 도움으로 개인적 고민거리를 말끔히 해결하는 데 성과를 거둔 다음 지금은 강의와 코칭을 병행하고 있다. 따라서 이 책에는 누구든 쉽게 공감할 수 있는 체험과 내용이 담겨 있다.

한국 사회는 인간관계에 관한 한 개입이 비교적 빈번하다.

"선을 잘 그을 수 있다면

인간관계에서 발생하는 갈등을

상당 부분 줄일 수 있다."

개인주의가 발달하지 않은 탓에 남의 일과 자기 일에 대한 구분이 모호한 점이 큰 이유일 것이다. 따라서 인간관계 때문에 속앓이를 하는 사람들은 주변에서 흔히 만날 수 있는데, 이때도 개입에 익숙한 다른 사람들을 변화시키는 일은 어렵다.

저자는 인간관계의 해결책을 타인이 아니라 자신과의 관계에서 찾으라고 조언한다. 이처럼 명료한 인간관계의 원칙이 불필요한 갈등의 상당 부분을 줄일 수 있음에도 불구하고 이를 실천하는 데 익숙지 못해 고생하는 사람들이 많다. 저자가 말하려는 요지는 7개의 장으로 구성된 책의 소제목 몇 가지를 확인하는 것으로 충분하다.

- 나에게 가장 중요한 사람은 나
- 가족과 연인 관계 조금 멀리 선을 그어도 괜찮아
- 친구 관계 선을 넘어오지 않도록
- 직장 내 인간관계 2개의 선을 그리자

선을 잘 그을 수 있다면 인간관계에서 발생하는 갈등을 상당 부분 줄일 수 있다. 책의 핵심 메시지는 '남 중심 선택'으로부터 '나 중심 선택'으로 삶의 무게 중심을 이동하라는 것이다. 여기서 말하는 '나 중심 선택'은 나만의 가치관으로 이뤄진 단단한 생각 기둥을 갖고 살아가는 것을 말한다. 다른 사람들의 비위를 맞추기 위해 혹은 타인에게 인정받기 위해 남이 나를 어떻게 보는지 나에게 무엇을 기대하는지를 상당 수준 포기하는 것을 말한다. 이 같은 선택이 모두에게 가능한 일은 아니다. 완벽한 수준은 아닐지라도 자신과 타인 사이에 선을 분명히 긋는 일을 행하지 않으면 인간관계에서 필연적으로 갈등이 생겨날 수밖에 없다.

직장 내 인간관계로 고민하고 있다면 저자의 직장 내 선 긋기에 대한 견해를 참조할 필요가 있다. "상사의 잘못된 생각을 고치겠다거나 그를 변화시키겠다는 욕심을 버리세요. 내가 할 수 있는 건 그저 그와 나 사이에 거리를 얼마나 둘지, 어떻게 선을 그을지 결정하는 것뿐임을 명심하세요."

그렇다면 고압적 상사와의 사이에 어떻게 선을 긋는 것이 좋을까. "하나는 사회적 가면이라 할 수 있는 사회적인 선(상사는 둘 사이의 거리가 가깝다고 느낄 거예요), 다른 하나는 심리적인 선(내 마음속에서 상사는 남보다 못한 존재죠)입니다."

선 긋기에 익숙한 사람은 자신이 개입해야 할 것과 하지 말아야 할 것을 스스로 정하는 데 익숙하다. 어느 정도 타인의 일에 무덤덤하게 대하는 것이 좋은데, 유독 그런 원칙에 아랑곳하지 않고 행동하는 사람들을 만날 때가 있다. 특히 가족 사이에 이런 일들이 자주 일어난다. 부모나 형제의 개입에 끊임없이 시달리는 사람이라면 대화나 편지로 불개입의 중요성이나 타당성을 적극 알리는 노력이 필요하다. 여기에다 개입에 대한 최소한의 선을 긋고 이를 알리는 것도 도움이 될 것이다.

인간관계를 원활히 하는 데 어느 곳에서나 통할 왕도는 없다. 그럼에도 선 긋기라는 기본적인 원칙을 준수하려는 노력만으로도 괜찮은 성과를 거둘 수 있다. '선 긋기'라는 매력적인 제목이 독자들의 눈길을 끄는 책이다.

'선의'라며 상대방의 영역을
침해하는 사람들

《관계의 품격》
적절한 거리를 두고 인간관계를 유지하는 법

인간관계 때문에 고생을 하는 사람들이 많다. 새해에는 인간관계 때문에 마음고생하는 일을 피할 수 없을까? 24년 동안 2만 4,000여 명 의뢰인의 인간관계 개선 프로젝트를 도운 일본 최고의 심리 카운슬러로부터 한 수를 배워보자.

오노코로 신페이의 《관계의 품격》(비즈니스북스, 2018)은 사람과 사람 사이의 관계에서 적절한 거리를 유지하는 구체적인 방법을 다룬 책이다. 저자가 제시하는 핵심 개념은 자신과 타인 사이의 경계선을 뜻하는 '바운더리'다. 여기서부터 저기까지는 나의 영역이고, 그다음부터는 당신의 영역이라고 명확하게 선을 긋는 방법을 제시한다.

책을 펼치자마자 일상에서 빈번히 만날 수 있는 한 가지 사례가 등장한다. 벗은 속옷을 빨래 바구니에 넣으라는 아내의 당부에도 개의치 않는 남편 이야기다. 웃고 넘어갈 수 있는 얘기지만 일상에서 겪는 인간관계와 관련된 문제들은 대부분 이와 비슷하다. 자기가 마땅히 책임져야 할 일을 상대방에게 미룸으로써 갈등이 생겨나고 상대에게 스트레스를 준다.

선의라고 말하면서 상대방의 영역을 무시로 침해하는 사람들도 있다. 나이가 들어가는 젊은이들에게 '왜 결혼하지 않는가?'라고 만날 때마다 반복하는 것도 상대방의 영역을 침해하는 일이다. 굳이 그런 이야기를 할 필요가 없다.

저자에게 인간관계를 잘 맺는 사람들은 자기가 가진 시간과 공간을 타인에게 쉽게 내주지 않는 사람들이다. 한국 기준으로 보면 자칫 지나치게 이기적인 사람으로 비쳐질 수 있다. 한·일 간의 차이를 보는 것도 이 책의 묘미다. 이 책의 독자들이 타인에게 끼칠 수 있는 영향은 제한적이다. 하지만 스스로의 말과 행동에 대해서는 상당한 통제력을 확보할 수 있다. 새해에는 스스로 해결해야 하고 할 수 있는 일에 대해 타인의 도움을 청하

"인간관계를 잘 맺는 사람들은

자기가 가진 시간과 공간을

타인에게 쉽게 내주지 않는 사람들이다."

지 않는 일부터 시작해보자. 타인의 일에 개입할 때는 한 번 더 깊이 생각해보자. 내가 개입할 만한 일인가를 말이다.

인간관계로 고민하는 사람들은 대체로 누군가에게 결정권을 빼앗긴 경우가 많다. 이들은 큰일뿐 아니라 일상 속의 자잘한 결정도 마찬가지다. 결정권이 없다는 것은 스스로 무언가를 결정하는 데 따르는 리스크를 누군가에게 떠넘기는 데 익숙함을 뜻한다. 이 같은 '결정 습관'을 스스로 확보하는 것만으로도 인간관계로 인한 문제의 상당 부분을 줄일 수 있다.

예를 들어 누군가와 대화를 나눌 때 상대방이 지나치게 장황한 상태라면 이를 적당한 선에서 매듭짓고 상황을 종료하는 일도 인간관계의 개선에서 중요하다. 역으로 자신이 이처럼 장황한 사람이 되지 않는 것도 인간관계의 개선에 필요하다.

저자는 가능한 한 대화의 호흡을 짧게 유지하면서 자신의 페이스에 상대방을 끌어들이는 'G.F.E.R 대화법'을 추천한다. 목표$_{Goal : G}$를 명확히 하고 사실$_{Fact : F}$에 근거해서, 감정$_{Emotion : E}$을 담아서 필요한 경우에 한해서만 상대방의 협조$_{Request : R}$를 요청하는 대화법이다. 만나기만 하면 불평불만을 잔뜩 늘어놓는 사람들이 있다. 적당한 선에서 주의 전환을 시도하면서 대화를 돌리거나 자리를 뜨는 구체적인 방법을 읽는 순간 입가에 웃음이 지어진다. 세상에는 그런 부류의 사람들이 제법 많다. 습관적으로 불평불만을 늘어놓는다는 것은 굳이 관여하고 싶지 않은 영역으로 상대방을 끌어들이는 일과 같다. 상대에게 말려들지 않는 것은 멋진 방법이다. 지금처럼 칙칙한 불황과 불만이 자욱한 시대에는 스스로를 지킬 수 있는 좋은 방법임에 틀림없다.

저자가 의뢰인들을 만나다 보면 의외로 인간관계가 소원해지는 일에 불안해하는 사람이 많다고 한다. 세상의 모든 것이 변하듯 인간관계도 변하는 것이 자연스러운 일인데 사람들은 유독 인간관계에 대해서만 불변을 원한다. 인간관계를 바라보는 시각을 바꾸는 것만으로도 크게 도움을 받을 수 있다. 가볍게 읽을 수 있는 실용서다.

잘 살아가는 사람들은
'도'를 안다

《곰돌이 푸, 인생의 맛》
우화에서 배우는 살아가는 지혜

얼마 전에 나와 꾸준히 인기를 끄는 책을 소개한다. '복잡한 세상을 살아가는 간결한 지혜'라는 부제를 단 이 책은 벤저민 호프의 《곰돌이 푸, 인생의 맛》(더퀘스트, 2019)이다. 어떤 상황에서도 당황하지 않고 흔들리지도 않으며 자신의 속도에 맞춰 살아가는 방법을 우화와 곰돌이 푸라는 만화와 도가 철학을 적절하게 섞어 만든 책이다.

속도가 빠르고 앞이 잘 보이지 않는 시대를 살아가는 지혜 가운데 손에 꼽을 수 있는 것은 올바른 철학을 등불 삼아 나아가는 것이다. 이 책이 지혜의 으뜸으로 꼽은 철학은 도가 사상이다. 저자는 1982년 이 책이 초베스트셀러가 된 이후 한때 요가나 태극권 수련에 몰입하기도 했지만 2006년부터는 절필을 선언했다.

도가 철학에서 말하는 박樸은 영어로 푸pu인데, 그 뜻은 '다듬지 않은 통나무'다. 이것은 '사물이 본래의 단순한 상태에 머무를 때 그 사물이 본래 지닌 자연스러운 힘이 발휘된다'는 의미를 갖고 있다. 삶에서 복잡함이나 오만함 같은 눈을 가리는 요소들을 과감하게 제거하고 나면 그때부터 사람들은 오롯이 본질에 충실할 수 있다. 이때부터 단순하고 고요한 것뿐 아니라 자연스럽고 평범한 것을 즐길 수 있다.

이것이 부족하고 저것이 부족하다고 툴툴대는 목소리가 점점 커지는 시대를 살아가는 데 필요한 지혜가 담겨 있다. 자신의 한계를 이해하고 받아들이는 순간부터 그 한계로부터 자유로움을 얻을 수 있다.

하지만 정말 많은 사람은 자신이 가진 한계를 인정하고 받아들이는 데 인색하다. 스스로 족쇄를 채우고 갈등과 분열 속으로 깊이 빠져 들어간다. 날로 자극이 강해지는 시대에 온전히 자신을 지키고 살아가는 일은 쉽지 않다. 저자의 처방은 내적 본성을 주의 깊게 살피지 않고서는 자신의 진정한 목소리를 듣는 일이 쉽지 않다는 사실이다. 나는 어떤 사람인가, 내가 처한 상황은 무엇인가, 나에게 가장 좋은 방법은 무엇인가 등을 인식할 때 비로소 상황을 돌파하는 지혜를 얻을 수 있다.

도가 철학은 무위無爲를 강조한다. 무위의 본질에 대해 저자는 "마치 시냇물이 졸졸 흐르다가 커다란 바위를 만나 빙 돌아가는 것과 비슷하다"고 말한다. 이를 풀어 쓰면 기계적이고 직선적인 접근법보다는 사물의 자연스러운 리듬에 민감하게 반응하는 접근법을 말한다. 필요하다면 둘러갈 수 있는 용기와 힘도 무위가 주는 또 하나의 처방이다.

목표를 향해 달려가는 것은 중요하다. 그러나 시종일관 목표에 집착해서 나아가는 과정 자체에 '알아차림'을 놓치는 잘못을 범해선 안 된다. 알아차림의 순간은 우리를 행복하게 해주고 편안하게 만들어주기 때문이다. 과정 자체를 중요하게 여기고 즐길 수 있다면 그만큼 알아차림도 연장된다. 알아차림이 차근차근 더해지면 우리들은 재미를 만끽하며 살 수 있다. 저자가 제안하는 삶의 자세는 남송 시대의 문인 육우陸羽가 남긴 한시에 고스란히 담겨 있다.

"잘 살아가는 사람들은

자신의 내면의 목소리에

귀를 기울인다."

우리 머리 위의 구름은 모였다 흩어졌다고 하고,

마당에 부는 바람은 떠났다 돌아왔다 하네.

인생도 그런 것인데, 편안히 쉬지 않을 이유가 없네.

우리의 축제를 그 누가 막을쏘냐?

눈이 내리는 날을 떠올려보자. 눈이 내리면 내릴수록 점점 더 온다는 노랫말을 기억할 필요가 있다. 저자가 말하는 '눈덩이 효과'는 어떤 일이 일어나기 시작하면 그 일은 때로는 긍정적으로, 때로는 부정적으로 증폭될 수 있음을 말한다. 지혜나 행복, 용기도 모두 눈과 같은 것이다.

잘 살아내는 것에 대해 저자의 처방은 세상의 믿음과는 거리가 있다. 저자는 "잘 살아가는 사람들은 '도'를 안다. 그들은 자기 내면의 목소리, 지혜롭고 단순한 목소리, 똑똑함을 넘어 이성을 발휘하고 지식 이상의 것을 아는 목소리에 귀를 기울인다"고 말한다. 어디선가 들어본 듯한 조언들이지만 곰돌이 푸와 함께하는 도가 강좌는 그 나름의 편안함이 있다.

잘나가는 회사 사장은
말투가 다르다

《사장의 말 공부》
성공하는 말투, 승리하는 말투

요즘 사업하는 사람들은 살얼음판을 걷는 듯한 삶을 살아가고 있다. 경기가 너무 좋지 않은 탓이다. 게다가 앞으로 좋아질 전망도 보이지 않는다. 이럴 때 600개 이상 기업의 경영 지도를 해온 고야마 노보루小山昇의 《사장의 말 공부》(리더스북, 2019)를 읽어보면 어떨까. 우리보다 먼저 극심한 장기 불황을 겪었던 일본 기업들의 흥망 비밀을 배울 수 있을 것이다. 이 책을 권하는 이유는 평소에 갖고 있던 나의 생각과 저자의 주장이 일치하는 부분이 많기 때문이다.

나는 "불황의 긴 터널을 통과할 때 사장이 갖춰야 할 최고의 덕목은 자신의 입에서 가능한 한 부정적 이야기나 남 탓, 환경을 탓하는 말이 나오지 않아야 한다"는 말을 자주 해왔다. 저자의 주장과 정확하게 일치한다. 저자의 주장은 다음과 같은 문장으로 요약할 수 있다. "수천 명의 사장을 만나 기업 컨설팅을 하면서 내가 느낀 점은 잘나가는 회사의 사장은 말투가 다르다는 것이다. 다시 말해 잘나가는 회사의 사장들이 하는 말은 따로 있다."

- 돈을 부르는 사장의 말 공부
- 불황에도 잘나가는 회사의 언어
- 절대 흔들리지 않는 조직의 소통법
- 일 못하는 신입 사원도 핵심 인재로 키우는 비결
- 돈 잘 버는 사장은 숫자로 말한다

이런 주제를 관통하는 질문을 요약하면 성공하는 사장은 어떤 말을 하는가이다.

첫째, "모두 사장인 내 탓입니다." 저자의 회사 경영의 대원칙은 "클레임이 발생하면 사장이 모든 것을 책임진다"다. 클레

"불황의 긴 터널을 통과할 때

사장의 입에서 부정적 이야기나 남 탓,

환경을 탓하는 말이 나오지 않아야 한다."

임을 발생시킨 직원을 채용한 사람도 사장이고, 그 자리에 직원을 배치한 사람도 사장이고, 그런 상품을 취급하도록 한 사람도 사장이기 때문이다.

둘째, 경영 계획을 발표할 때는 반드시 사장의 결의를 문자로 직원들에게 분명히 전달한다. 사원의 급여를 높여주기 위해 회사는 불황 속에서도 반드시 성장해야 한다. 그래서 저자는 항상 "무리라는 걸 알면서도 저는 최선을 다하겠습니다"라는 표현으로 자신에게도 부담을 주고 직원들도 부담을 함께 지도록 한다.

셋째, 5년 후 미래를 염두에 두고 역산하면서 경영해야 한다. 눈앞의 일에만 압도돼 살다 보면 많은 것을 놓치고 만다. 5년 후를 염두에 둔 경영 계획서의 놀라운 효과는 오늘 해야 하는 일을 뚜렷하게 구체화시키는 긍정적 효과가 있다.

넷째, 중요한 문장을 반복할 수 있어야 한다. 저자는 직원들과 함께 아침 스터디를 6,000회 이상 해오고 있는데 교재는 저자가 집필한《일 잘하는 사람의 마음가짐》과 회사의 경영 계획서 두 가지뿐이다. 저자의 믿음은 많은 것을 배우는 것보다는 적은 텍스트를 활용해 같은 내용을 반복해 배워야 사람을 키우는 데 더 도움이 된다는 것이다. 이 방법이 효과적인지는 사람에 따라 다른 평가를 내릴 것이다. 다만 "어떤 업무를 제대로 이해하고 담당하기 위해서는 반복해 가르치는 것만큼 효과적인 방법은 없다"는 주장에는 전적으로 동감한다.

다섯째, 사장의 성적표는 손익 계산서와 재무 상태표다. 한 해 동안의 실적을 정리한 것과 결산일 기준 회사의 재산 상황을 정리한 두 가지만큼 중요한 것이 없다. 삼사분기 결산서로 회사의 모든 것을 파악할 수 있다.

여섯째, 업계의 비상식을 받아들여야 성장할 수 있다. 동종업계 대신 다른 업종의 성공 사례를 연구하고 그곳에서 교훈을 얻고 좋은 사례를 받아들이는 것이 성공의 비결이다. 모방할 수 있어야 배울 수 있고 부러워할 수 있어야 이길 수 있다.

끝으로 숫자로 말할 수 있어야 한다. 좋은 예감이 들수록 반드시 구체적인 숫자로 검증해야 실수를 피할 수 있다. 숫자로 하는 소통은 직원들의 사고를 명료하게 하는 데도 도움이 된다.

오가는 길에 가볍게 읽을 수 있는 불황 탈출법이다.

그냥 행동하라,
생각은 접어두고 움직여라

《시작의 기술》
제대로 살아가는 간단명료한 핵심

경제 상황이 내려앉는 모양새가 계속되면서 의기소침한 사람들이 늘고 있다. 그런데 가만히 생각해보면 세상은 두 영역으로 나뉘어 있음을 알 수 있다. 내가 통제할 수 있는 영역이 하나이고, 다른 하나는 통제할 수 없는 영역이다. 나라 경제나 정책이란 것은 의견을 내놓을 수 있지만 개인의 관리 영역 바깥의 것들이다. 이런 시대 상황에서 한 번 더 관리 가능한 영역에 대한 관심이 필요하다.

군말 빼고 핵심으로 돌진하는 작가이자 자기 계발 코치로 명성을 얻고 있는 개리 비숍의 《시작의 기술》(웅진지식하우스,

"불안감이 엄습할 때일수록

저자의 조언은 단호하다.

'그냥 행동하라'이다."

2019)은 어려운 시기를 슬기롭게 헤쳐가는 실용 지식을 제공하는 데 손색이 없다. 결국 상황이 어떠하든 내가 어떻게 대처하느냐가 중요하고, 그 대처법을 어떻게 적용하는가에 따라 삶의 성적표는 크게 달라질 수 있다. 센스 있는 독자들은 제목만 보고도 작가가 무슨 이야기를 하고 싶은지 눈치 챘을 것이다. '침대에 누워 걱정만 하는 게으른 완벽주의자를 위한 7가지 무기'라는 부제는 이런 추측에 힘을 더한다.

얇은 이 책은 선동적이다. 무슨 새로운 것이 있을까라는 선입견을 갖고 소파에 누워 읽기 시작하는 독자들이라 할지라도 다소 생소한 경험을 할 가능성이 높다. 저자의 선동적이고 직설적인 표현에 사로잡혀 어느 순간 벌떡 일어나 끝까지 읽을 것이다.

이 책의 핵심 논리는 생각과 감정이 마치 동전의 양면처럼 돌아간다는 사실에 기초하고 있다. 생각과 감정 사이의 긴밀한 관계에 대해서는 현대 심리학의 아버지라 불리는 앨버트 앨리스가 명언을 남겼다. "인간의 감정은 대개 생각에서 나온다. 그러고 나면 인간은 당초 그 감정을 만들어냈던 생각을 다시 통제하거나 아니면 받아들였던 문장이나 자기 대화를 바꿔서, 감정을 눈에 띄게 통제한다."

이 책의 핵심 메시지는 자신과 나누는 대화에서 변혁을 꾀해야 한다는 것이다. 누구든지 자신과 나누는 대화에서 몇 가지 직설적인 문장을 스스로에게 반복해 사용함으로써 획기적인 성과를 거둘 수 있다. 경험으로 미뤄볼 때 그의 주장은 설득력이 있다. 자신에게 자주 들려주는 문장이 생각의 원료 역할을 톡톡히 하기 때문이다. '왜 나는 요 모양 요 꼴인가'라는 식의 이야기를 자신에게 자주 던지는 사람이라면 생각과 행동 모두가 이런 유로 채색될 가능성이 높다.

책의 구성은 단순하다. 우리가 자신에게 자주 던져야 할 직언을 저자는 '시작의 기술 일곱 가지'에 담았다.

- 나는 의지가 있어
- 나는 이기게 되어 있어
- 나는 할 수 있어
- 나는 불확실성을 환영해
- 생각이 아니라 행동이 나를 규정해
- 나는 부단한 사람이야
- 나는 아무것도 기대하지 않고 모든 것을 받아들여

사람은 그냥 앉아 있으면 자연스럽게 의심과 걱정과 공포가 찾아오게 마련이다. 쓸데없는 걱정을 극복하기를 원한다면 바쁘게 움직이는 것이 최선이다. 불안감이 엄습할 때일수록 저자의 조언은 단호하다. "그냥 행동하라. 생각은 접어두고 움직여라."

어려운 시대일수록 '부단함'이란 한 단어가 큰 무기가 될 수 있다. 부단함에 대해 저자는 이런 설명을 더한다. "여기가 어디인지, 얼마나 왔고 얼마나 더 가야 하는지 모를 때, 바로 그때 당신을 계속 가게 해줄 수 있는 것은 오직 하나뿐이다. 그게 바로 부단함이다."

어려운 시대일수록 누구든지 할 수 있는 것은 복잡하거나 어렵지 않다. 미루지 말고 계속해서 움직이는 것이다. 저자의 일곱 가지 직언을 일상의 삶 속에 깊숙이 끌어들여 자신의 것으로 무장할 필요가 있다.

지금 시작하고
나중에 완벽해져라

《결단》
우물쭈물하지 않고 나아가는 법

자기 계발서 작가로 널리 알려진 인물이 나폴레온 힐이다. 그가 500명이 넘는 백만장자들을 연구한 끝에 내린 결론이 있다. 그들의 공통점이 '결단력'을 갖고 있다는 사실이다. 그가 1937년에 쓴 자기 계발서의 고전 《생각하라! 그러면 부자가 되리라》(국일미디어, 2018)에서 소개하는 부자들의 특성은 "그들 모두가 신속히 결정을 내리는 습관을 갖고 있었다"는 것이다.

이런 연장선상에서 현대인들이 결단력을 어떻게 육성할 수 있는지, 이를 제대로 발휘하기 위해 어떻게 해야 하는지를 다룬 책이 나왔다. 이 책은 지식인이 쓴 책이 아니라 산전수전 쓰라

림을 겪고 자수성가한 사람이 쓴 책이다.

30세에 상당한 부를 축적하는 데 성공한 롭 무어는 영국에서 빠르게 자수성가한 대표적인 인물로 통한다. 롭 무어의《결단》(다산북스, 2019)은 결단력의 모든 것을 다루고 있다. 오늘날처럼 불확실한 시대에 완벽한 준비를 갖춘 후에 무엇인가를 도전하는 일은 어렵기도 하고 효과도 떨어진다. 책을 열자마자 저자는 결론을 내린 다음 자기주장을 펼치는 일을 계속한다. "지금 시작하고 나중에 완벽해져라"가 이 책의 결론이다.

가볍게 읽을 수 있는 실용서이긴 하지만 이 책의 매력은 실용적인 팁을 듬뿍 담고 있다는 점이다. 더욱이 저자의 머리에서 나온 이야기가 아니라 체험을 통해서 얻은 제언을 풍부하게 담고 있어 그만큼 호소력이 강하다. 모두 6개의 장인 이 책의 구성은 이렇다.

- 자수성가 백만장자 500명의 공통점
- 만반의 준비는 불가능하다
- 세상에 나쁜 결정은 없다
- 하느냐 마느냐, 그것이 문제다

"결단하는 것은 한 인간이 가진

중요한 습관이다."

- 부와 성공을 만드는 의사 결정의 비밀
- 힘들고 중요한 결정을 빠르게 내리는 능력

독자들이 상세한 매뉴얼처럼 쓰인 목차를 보고 읽어야겠다는 결심을 하도록 만드는 책이다.

저자도 그런 이야기를 하지만 내 경험에 의하면 결단하는 것은 한 인간이 가진 중요한 습관이다. 미적거리는 데 익숙한 사람은 큰일이든 작은 일이든 늘 미루는 모습을 보인다. 그러나 작은 일도 빠르게 결정하는 사람은 여타의 결정에서도 미루는 법이 흔치 않다. 점점 세상이 빠른 속도로 움직이므로 이것이 되면 하리라는 생각을 가지면 귀한 기회를 놓칠 가능성이 크다. '그냥 해봐!'라는 조언이 통하는 시대가 되었다. 그렇다고 해서 늘 성급하게 결단하라는 이야기는 아니다.

'이걸 해보면 좋겠다'는 생각이 들면 완벽한 준비가 되지 않더라도 실험적 성격을 가진 도전에 익숙해져야 한다. 이를 저자는 간략하게 표현한다. "서둘러라! 그리고 일단 해봐라!"

저자는 몇 가지 조언을 더한다. "어떤 결정도 최종적이지 않다. 모든 결정을 신속히 바꿀 수 있고, 목표를 향해 꾸준히 발전하게 테스트로 여겨라."

결단력을 가진 사람이라 할지라도 항상 '최소 노력의 법칙'을 경험할 필요가 있다. 이를 위해 필요한 것은 다음의 세 가지 수칙이다.

- 사람, 환경, 사건을 지금 이 순간 그대로 받아들여라
- 완전하고 개인적인 책임을 져라
- 자기 시각을 옹호하려고 하지 마라

자신이 매번 내리는 모든 결정과 그 이후의 행동 등 모든 것에 대해 스스로 책임을 지려 할 때만이 성과를 거둘 수 있다.

저자는 우리에게 올바른 결단을 방해하는 내부의 적이 누구인가를 명료하게 제시한다. 내 안의 망할 놈을 관리하라는 것이다. 감정을 관찰하는 일, 감정이나 반응을 일으키는 원인은 무엇인지를 성찰하는 일, 왜 그런 유쾌하지 못한 일이 지속하는지 그 원인을 아는 일이 필요하다.

정답을 찾지 말고 주어진 환경에서 최적의 답을 찾도록 노력하는 일도 중요하다. 지금 해야 한다면 무엇이든 미루지 않

고 한 걸음 나서는 것도 결단력을 키우는 중요한 행동이 될 것이다. 뭐든 미루는 버릇 때문에 고심하는 사람들이 도전해볼 만한 실용서다.

힘이 되는 독서

1판 1쇄 인쇄 2020년 1월 21일
1판 1쇄 발행 2020년 1월 31일

지은이 공병호

펴낸이 공병호
펴낸곳 공병호연구소

주소 경기도 고양시 덕양구 충장로 614-29
출판신고번호 제2018-000118호
신고연월일 2018년 7월 11일
전화 02-3664-3457 / 010-9004-0453
이메일 gong@gong.co.kr
홈페이지 www.gong.co.kr

ISBN 979-11-965092-7-9 03320
값 13,000원

잘못 만들어진 책은 구입하신 서점에서 교환해 드립니다.

이 도서의 국립중앙도서관 출판예정도서목록(CIP)은 서지정보유통지원시스템 홈페이지
(http://seoji.nl.go.kr)와 국가자료공동목록시스템(http://www.nl.go.kr/kolisnet)에서
이용하실 수 있습니다. (CIP제어번호: CIP2020002554)

판매·공급
전화 031-927-9279
팩스 02-2179-8103